한자능력검정시험 완벽 대비
6급 한자 쉽게 따기 상

성명제 엮음 · 이일선 그림

한자능력검정시험이 뭐예요?

한자능력검정시험은 사단법인 한국어문회가 주관하고 한국한자능력검정회가 실시하는 한자 활용 능력 시험을 말합니다. 1992년 12월 9일 시작해서 2001년 1월 1일 이후 국가 공인 자격 시험으로 치러지고 있습니다.

한자능력검정시험은 언제, 어떻게 보나요?

한자능력검정시험은 공인 급수 시험(1급, 2급, 3급, 3급Ⅱ)과 교육 급수 시험(4급, 4급Ⅱ, 5급, 6급, 6급Ⅱ, 7급, 8급)으로 나뉘어 2월, 5월, 8월, 11월, 1년에 4번 실시합니다.
(더 자세한 내용은 한국한자능력검정회 홈페이지를 참조하세요. http://www.hanja.re.kr)

한자능력검정시험에는 어떤 문제가 나오나요?

시험에 나오는 급수별 내용은 다음과 같습니다.

한자능력검정시험 출제 유형

구분	공인 급수				교육 급수						
	1급	2급	3급	3급Ⅱ	4급	4급Ⅱ	5급	6급	6급Ⅱ	7급	8급
읽기 배정 한자	3,500	2,355	1,817	1,500	1,000	750	500	300	300	150	50
쓰기 배정 한자	2,005	1,817	1,000	750	500	400	300	150	50	0	0
독음	50	45	45	45	30	35	35	33	32	32	24
훈음	32	27	27	27	22	22	23	22	29	30	24
장단음	10	5	5	5	5	0	0	0	0	0	0
반의어	10	10	10	10	3	3	3	3	2	2	0
완성형	15	10	10	10	5	5	4	3	2	2	0
부수	10	5	5	5	3	3	0	0	0	0	0
동의어	10	5	5	5	3	3	3	2	0	0	0
동음이의어	10	5	5	5	3	3	3	2	0	0	0
뜻풀이	10	5	5	5	3	3	3	2	2	2	0
필순	0	0	0	0	0	0	3	3	3	2	2
약자	3	3	3	3	3	3	3	0	0	0	0
한자 쓰기	40	30	30	30	20	20	20	20	10	0	0
출제 문항 수	200	150	150	150	100	100	100	90	80	70	50

상위 급수 한자는 모두 하위 급수 한자를 포함하고 있습니다.
쓰기 배정 한자는 한두 급수 아래의 읽기 배정 한자이거나 그 범위 안에 있습니다.
이 출제 유형은 기본 자료로서 출제자의 의도에 따라 차이가 있을 수 있습니다.

차 례

제1과
사회편
會 모일 회 ······ 4
社 모일 사 ······ 5
和 화할 화 ······ 6
合 합할 합 ······ 7
信 믿을 신 ······ 8
用 쓸 용 ······ 9
成 이룰 성 ······ 10
功 공 공 ······ 11
代 대신할 대 ······ 12
表 겉 표 ······ 13
禮 예도 례 ······ 14
式 법 식 ······ 15
業 업 업 ······ 16
기출 및 예상 문제 ······ 17

제2과
학교편
等 무리 등 ······ 19
級 등급 급 ······ 20
各 각각 각 ······ 21
班 나눌 반 ······ 22
讀 읽을 독 ······ 23
書 글 서 ······ 24
新 새 신 ······ 25
聞 들을 문 ······ 26
訓 가르칠 훈 ······ 27
言 말씀 언 ······ 28
高 높을 고 ······ 29
習 익힐 습 ······ 30
章 글 장 ······ 31
기출 및 예상 문제 ······ 32

제3과
병원편
醫 의원 의 ······ 34
科 과목 과 ······ 35
身 몸 신 ······ 36
體 몸 체 ······ 37
洋 큰 바다 양 ······ 38
藥 약 약 ······ 39
病 병 병 ······ 40
席 자리 석 ······ 41
番 차례 번 ······ 42
號 이름 호 ······ 43
米 쌀 미 ······ 44
飮 마실 음 ······ 45
待 기다릴 대 ······ 46
기출 및 예상 문제 ······ 47

제4과
예술편
圖 그림 도 ······ 49
畫 그림 화 ······ 50
美 아름다울 미 ······ 51
術 재주 술 ······ 52
音 소리 음 ······ 53
樂 즐길 락 ······ 54

神 귀신 신 ······ 55
童 아이 동 ······ 56
題 제목 제 ······ 57
目 눈 목 ······ 58
英 꽃부리 영 ······ 59
才 재주 재 ······ 60
作 지을 작 ······ 61
기출 및 예상 문제 ······ 62

제5과
시간편
現 나타날 현 ······ 64
在 있을 재 ······ 65
昨 어제 작 ······ 66
今 이제 금 ······ 67
開 열 개 ······ 68
始 비로소 시 ······ 69
急 급할 급 ······ 70
速 빠를 속 ······ 71
晝 낮 주 ······ 72
夜 밤 야 ······ 73
朝 아침 조 ······ 74
第 차례 제 ······ 75
反 돌이킬 반 ······ 76
기출 및 예상 문제 ······ 77

제6과
감정편
交 사귈 교 ······ 79
感 느낄 감 ······ 80
親 친할 친 ······ 81
愛 사랑 애 ······ 82
失 잃을 실 ······ 83
意 뜻 의 ······ 84
死 죽을 사 ······ 85
別 나눌/다를 별 ······ 86
苦 쓸 고 ······ 87
行 다닐 행 ······ 88
기출 및 예상 문제 ······ 89

기출 및 예상 문제·모의 한자능력검정시험 정답 ··· 90
6급 모의 한자능력검정시험 답안지 ······ 91
6급 모의 한자능력검정시험(3회)

제1과 **사회편** 　　　　　　　　　　　　　　　　　　　　　월　　　일　　　확인

人 + 增 → 會

人(사람 인) 자와 增(더할 증) 자가 합쳐진 글자로, 사람들이 많이 더해지면 그 수가 불어난다는 의미로 '모이다'라는 뜻입니다.

모일 회 (日부수, 9획)

필순(13획) 會 會 會 會 會 會 會 會 會 會 會 會 會

✏️ 필순에 따라 會를 쓰세요.

✏️ 필순에 따라 會를 쓰고 훈(뜻)과 음(소리)을 쓰세요.

會							
모일 회	모일 회						

✏️ 會의 부수를 쓰고 이름을 써 보세요. ┃ 필순(4획) 日 日 日 日

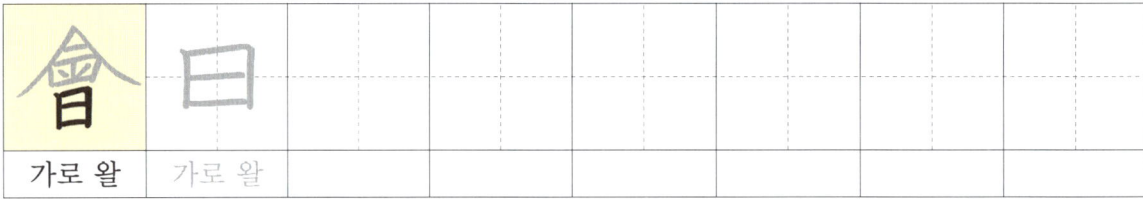

會議(회의) – 여럿이 모여 의논하고 토론함.
會見(회견) – 서로 만나 어떤 문제에 대하여 의견을 말하는 것.

제1과 **사회편**　　　　　　　　　　　　　　　월　　일　　확인

社

示 + 土 → 社

示(보일 시) 자와 土(흙 토) 자가 합쳐진 글자로, 토지(土)의 신에게 제사를 지낼 때 많은 사람들이 모인 모습에서 '모이다'라는 뜻을 나타냅니다.

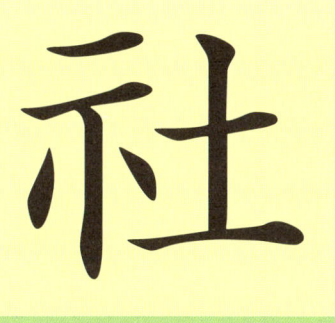

모일 사 (示부수, 3획)　　**필순**(8획)　社 社 社 社 社 社 社 社

✏️ 필순에 따라 社를 쓰세요.

社	社	社	社	社

✏️ 필순에 따라 社를 쓰고 훈과 음을 쓰세요.

社	社	社	社	社	社
모일 사	모일 사				

✏️ 社의 부수를 쓰고 이름을 써 보세요.　|　**필순**(5획)　示 示 示 示 示

社	示				
보일 시	보일 시				

會社(회사) - 이익을 내는 활동을 목적으로 만들어진 단체.
社交(사교) - 여러 사람이 모여 어울리고 사귀는 것.

제1과 **사회편** 　　　　　　　　　　　　　　　　　　　　　　　월　　일

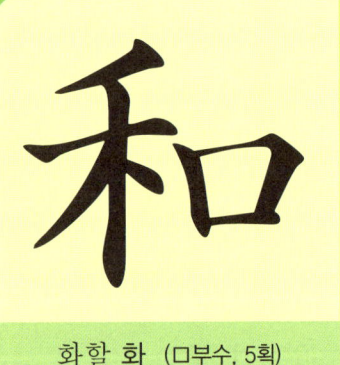
화할 화 (口부수, 5획)

禾(벼 화) 자와 口(입 구) 자가 합쳐진 글자로, 한 곡식을 여러 사람이 나누어 먹는다는 의미에서 '화목하다'라는 뜻을 나타냅니다.

필순(8획) 和 和 和 和 和 和 和 和

✏️ 필순에 따라 和를 쓰세요.

✏️ 필순에 따라 和를 쓰고 훈과 음을 쓰세요.

✏️ 和의 부수를 쓰고 이름을 써 보세요. | **필순**(3획) 口 口 口

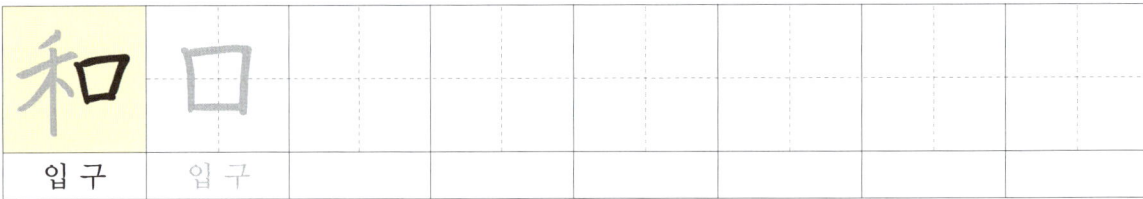

平和(평화) – 전쟁 없이 세상이 온화하고 평온함.
和合(화합) – 화목하고 잘 어울리게 합쳐짐.

제1과 **사회편** 　　　　　　　　　　　　　　　　월　　일

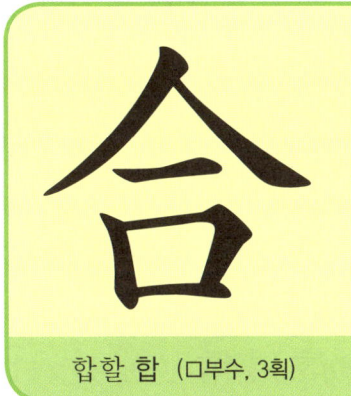

합할 합 (口부수, 3획)

그릇의 몸통에 뚜껑을 덮은 모습을 본뜬 글자로, '합하다'라는 뜻입니다.

필순(6획) 合 合 合 合 合 合

✏️ 필순에 따라 合을 쓰세요.

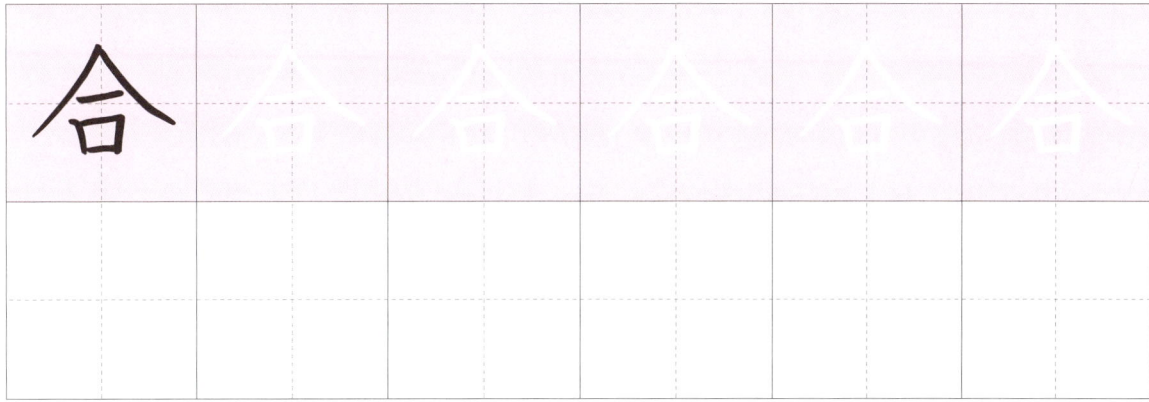

✏️ 필순에 따라 合을 쓰고 훈과 음을 쓰세요.

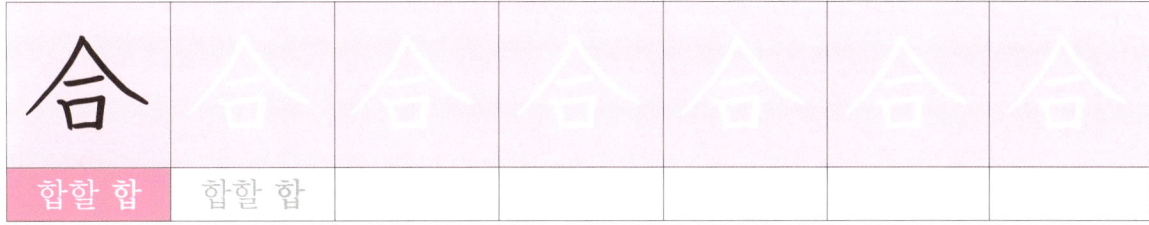

✏️ 合의 부수를 쓰고 이름을 써 보세요. | 필순(3획) 口 口 口

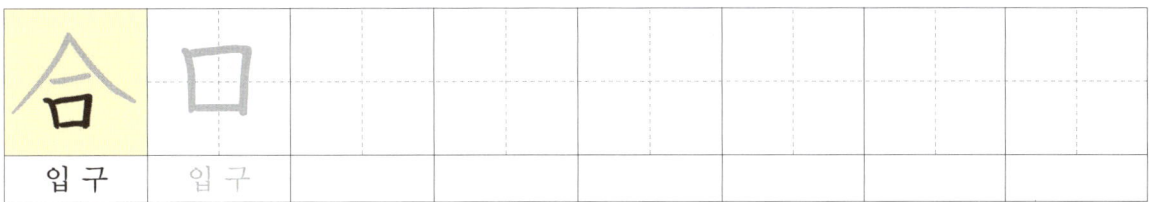

合唱(합창) - 여러 사람이 소리를 맞추어 함께 노래를 부름.
合同(합동) - 여럿이 모여 행동이나 일을 함께함.

제1과 사회편　　　　　　　　　　　　　　　　　　　월　　일　　확인

イ + 言 → 信

人(사람 인) 자와 言(말씀 언) 자가 합쳐진 글자로, 사람이 하는 말에 거짓이 없다는 데서 '믿다'라는 뜻을 나타냅니다.

믿을 신　(イ(=人)부수, 7획)　　필순(9획) 信信信信信信信信信

✏ 필순에 따라 信을 쓰세요.

✏ 필순에 따라 信을 쓰고 훈과 음을 쓰세요.

| 믿을 신 | 믿을 신 | | | | |

✏ 信의 부수를 쓰고 이름을 써 보세요.　｜　필순(2획) 人 人 (人=イ)

| 사람 인 | 사람 인 | | | | |

信用(신용) - 의심 없이 믿음.
信賴(신뢰) - 다른 사람을 믿고 의지함.

8

제1과 사회편　　　　　　　　　　　　　　　월　일　확인

화살을 그릇에 넣은 모습을 본뜬 글자로, 화살을 그릇에 넣어 두고 쓰게 된다는 의미에서 '쓰다'라는 뜻을 나타냅니다.

쓸 용 (用부수, 0획)　　필순(5획) 用用用用用

✏️ 필순에 따라 用을 쓰세요.

✏️ 필순에 따라 用을 쓰고 훈과 음을 쓰세요.

用	用	用	用	用	用	用
쓸 용	쓸 용					

✏️ 用의 부수를 쓰고 이름을 써 보세요.　필순(5획) 用用用用用

用	用					
쓸 용	쓸 용					

所用(소용) – 무엇에 쓰임. 쓸 데.
有用(유용) – 쓸모가 있음.

제1과 **사회편**   월   일   확인

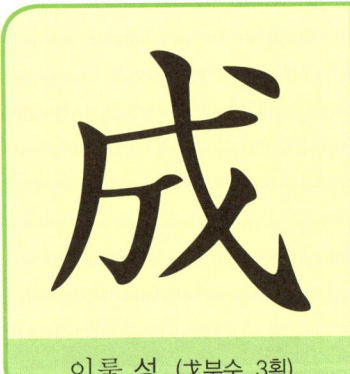

丁 + 戈 → 成

丁(장정 정) 자와 戈(창 과) 자가 합쳐진 글자로, 힘센 장정이 창만 가지고 있으면 무엇이든지 할 수 있다는 데서 '이루다'라는 뜻을 나타냅니다.

이룰 성 (戈부수, 3획)   필순(7획) 成 成 成 成 成 成 成

✏️ 필순에 따라 成을 쓰세요.

✏️ 필순에 따라 成을 쓰고 훈과 음을 쓰세요.

成					
이룰 성	이룰 성				

✏️ 成의 부수를 쓰고 이름을 써 보세요. | 필순(4획) 戈 戈 戈 戈

成	戈					
창 과	창 과					

成果(성과) – 일이 이루어진 결과.
成功(성공) – 뜻하거나 목적한 것을 이룸.

제1과 사회편　　　　　　　　　　　　　　　　　　　　　　　　월　　일　　확인

工 + 力 → 功

工(장인 공) 자와 力(힘 력) 자가 합쳐진 글자로, 장인이 물건을 만드는 데 힘을 씀으로써 공로를 세운다는 데서 '공', '보람'이라는 뜻을 나타냅니다.

공 공 (力부수, 3획)　　필순(5획)　功功功功功

✏ 필순에 따라 功을 쓰세요.

功	功	功	功	功	功

✏ 필순에 따라 功을 쓰고 훈과 음을 쓰세요.

功	功	功	功	功	功
공 공	공 공				

✏ 功의 부수를 쓰고 이름을 써 보세요. ｜ 필순(2획) 力 力

功	力						
힘 력	힘 력						

功勞(공로) – 어떤 일을 해내는 데 들인 수고와 노력.
功名(공명) – 공을 세워 널리 이름을 알림.

제1과 **사회편**   월   일   확인

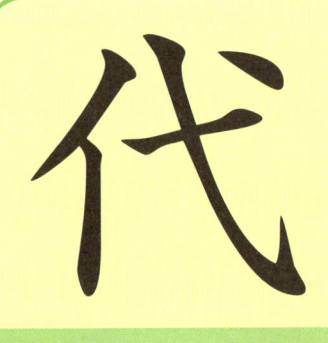

人(사람 인) 자와 弋(주살 익) 자가 합쳐진 글자로, 줄 달린 화살을 다른 사람이 대신해서 쏜다는 의미로 '대신하다'라는 뜻입니다.

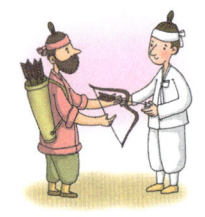

대신할 대 (亻(=人)부수, 3획)   필순(5획) 代 代 代 代 代

✏️ 필순에 따라 代를 쓰세요.

✏️ 필순에 따라 代를 쓰고 훈과 음을 쓰세요.

代					
대신할 대	대신할 대				

✏️ 代의 부수를 쓰고 이름을 써 보세요. | 필순(2획) 丿 人 (亻=人)

代	人					
사람 인	사람 인					

代代(대대) - 계속 이어지는 여러 대.
代金(대금) - 물건을 사고 치르는 돈.

제1과 사회편 　　　　　　　　　월　　일

毛 + 衣 → 表

毛(털 모) 자와 衣(옷 의) 자가 합쳐진 글자로, 털로 되어 있는 옷은 바깥에서 입어야 따뜻하다는 의미로 '겉'을 나타냅니다.

겉 표 (衣부수, 2획)　　필순(8획) 表表表表表表表表

✏️ 필순에 따라 表를 쓰세요.

✏️ 필순에 따라 表를 쓰고 훈과 음을 쓰세요.

| 겉 표 | 겉 표 | | | | |

✏️ 表의 부수를 쓰고 이름을 써 보세요. │ 필순(6획) 衣衣衣衣衣衣

| 옷 의 | 옷 의 | | | | | |

表紙(표지) – 책의 겉장.
表面(표면) – 겉으로 드러난 면.

제1과 **사회편**　　　　　　　　　　　　　　　　　월　　일

예도 례(예)　(示부수, 13획)

示 + 豊 → 禮

示(보일 시) 자와 豊(풍년 풍) 자가 합쳐진 글자로, 풍년이 들어 신에게 예의를 갖춰 제사를 지낸다는 의미에서 '예의'를 나타냅니다.

필순(18획) 禮禮禮禮禮禮禮禮禮禮禮禮禮禮禮

✏️ 필순에 따라 禮를 쓰세요.

禮				

✏️ 필순에 따라 禮를 쓰고 훈과 음을 쓰세요.

禮				
예도 례	예도 례			

✏️ 禮의 부수를 쓰고 이름을 써 보세요.　| **필순**(5획) 示示示示示

禮	示			
보일 시	보일 시			

禮式(예식) – 예의에 관한 순서나 질서를 따른 의식.
禮節(예절) – 사회생활에서 지켜야 하는 바르고 공손한 말씨와 몸가짐.

제1과 **사회편**　　　　　　　　　　　　　　　　　月　　日

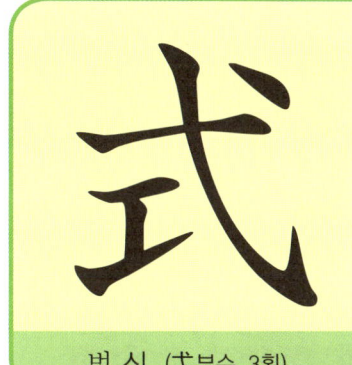

弋(주살 익) 자와 工(장인 공) 자가 합쳐진 글자로, 장인이 줄 달린 화살 같은 도구를 만들 때는 일정한 법이 필요하다는 데서 '법'이라는 뜻을 나타냅니다.

법 식 (弋부수, 3획)　　**필순**(6획) 式 式 式 式 式 式

✏️ 필순에 따라 式을 쓰세요.

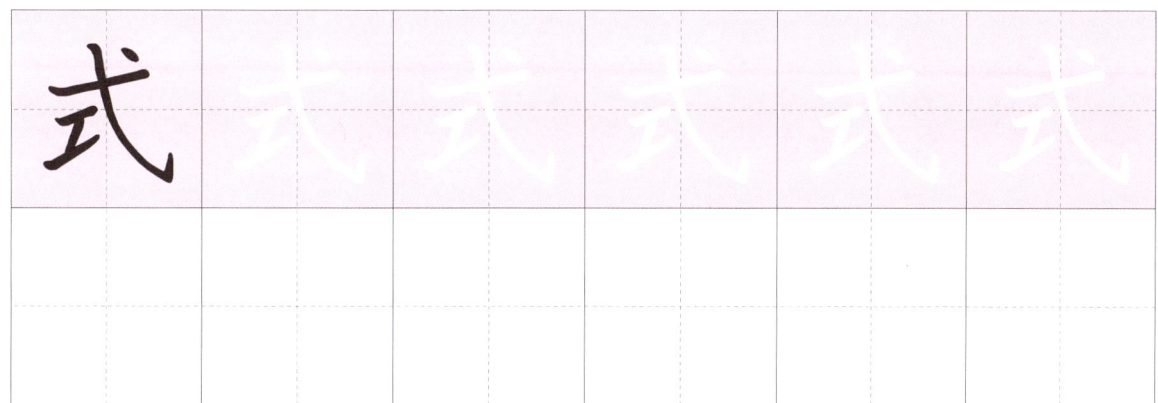

✏️ 필순에 따라 式을 쓰고 훈과 음을 쓰세요.

式	式	式	式	式	式	式
법 식	법 식					

✏️ 式의 부수를 쓰고 이름을 써 보세요. ｜ **필순**(3획) 弋 弋 弋

公式(공식) – 국가나 사회에서 인정한 공적인 방식.
式順(식순) – 의식을 치러 가는 순서.

제1과 **사회편** 월 일 확인

업 업 (木부수, 9획)

종이나 북을 거는 도구를 본뜬 글자로, 종이나 북을 가지고 직업을 삼은 사람들을 의미해 '일' 또는 '직업'을 나타냅니다.

필순(13획) 業業業業業業業業業業

✏️ 필순에 따라 業을 쓰세요.

✏️ 필순에 따라 業을 쓰고 훈과 음을 쓰세요.

業						
업 업	업 업					

✏️ 業의 부수를 쓰고 이름을 써 보세요. | 필순(4획) 木 木 木 木

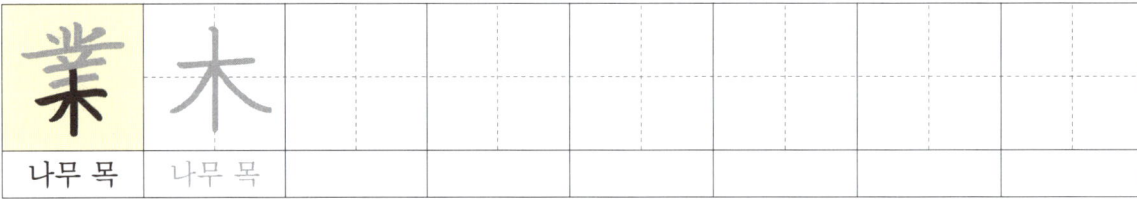

業主(업주) - 장사를 하는 가게나 사업을 하는 주인.
業體(업체) - 사업을 하는 단체.

기출 및 예상 문제

※ 다음 한자어의 독음을 쓰세요. (1~10)

(1) 會社 (　　　)　　　(2) 和合 (　　　)

(3) 信用 (　　　)　　　(4) 有用 (　　　)

(5) 成功 (　　　)　　　(6) 代表 (　　　)

(7) 禮式 (　　　)　　　(8) 功業 (　　　)

(9) 民會 (　　　)　　　(10) 合心 (　　　)

※ 다음의 한자의 훈과 음을 쓰세요. (11~20)

(11) 物 (　　　)　　　(12) 所 (　　　)

(13) 立 (　　　)　　　(14) 洞 (　　　)

(15) 成 (　　　)　　　(16) 用 (　　　)

(17) 代 (　　　)　　　(18) 表 (　　　)

(19) 業 (　　　)　　　(20) 禮 (　　　)

기출 및 예상 문제

※ 다음 훈과 음에 맞는 한자를 |보기| 에서 골라 번호를 쓰세요. (21~26)

|보기|
① 業　② 表　③ 會　④ 合　⑤ 和　⑥ 禮

(21) 모일 회 (　)　(22) 업 업 (　)　(23) 화할 화 (　)
(24) 합할 합 (　)　(25) 예도 례(예) (　)　(26) 겉 표 (　)

※ 다음의 뜻을 가진 한자어를 |보기| 에서 골라 번호를 쓰세요. (27~30)

|보기|
① 大功　② 靑天　③ 功名　④ 會同

(27) 여럿이 모임 (　)　(28) 커다란 공적 (　)
(29) 푸른 하늘 (　)　(30) 공을 세운 이름 (　)

※ 필순에 관한 문제입니다. (31~32)

(31) 男　㉠획의 쓰는 순서를 아래에서 골라 번호를 쓰세요. (　)
① 세 번째　② 네 번째　③ 다섯 번째　④ 여섯 번째

(32) 式　㉠획의 쓰는 순서를 아래에서 골라 번호를 쓰세요. (　)
① 세 번째　② 네 번째　③ 다섯 번째　④ 여섯 번째

제2과 학교편　　　　　　　　　　　　　　　　　　　월　　일　　확인

竹 + 寺 → 等

竹(대나무 죽) 자와 寺(절 사) 자가 합쳐진 글자로, 절은 관청을 뜻하여 관청에서 서류를 대나무처럼 가지런하게 정리하여 놓는다는 의미로 '무리'라는 뜻입니다.

무리 등 (⺮(=竹)부수, 6획)　　**필순**(12획) 等等等等等等等等等等等等

✏️ 필순에 따라 等을 쓰세요.

✏️ 필순에 따라 等을 쓰고 훈과 음을 쓰세요.

等	等	等	等	等	等
무리 등	무리 등				

✏️ 等의 부수를 쓰고 이름을 써 보세요.　|　**필순**(6획) 竹竹竹竹竹竹 (竹=⺮)

等	竹				
대나무 죽	대나무 죽				

等級(등급) – 신분이나 품질 등의 높고 낮음을 차례로 나눈 단계.
對等(대등) – 두 가지 중 어느 것이 높고 낮음이 없이, 양쪽이 비슷함.

제2과 학교편   월   일   확인

糸 + 及 → 級

糸(실 사) 자와 及(미칠 급) 자가 합쳐진 글자로, 실의 매듭으로 단계를 나눠 표시한다는 의미로 '등급'을 나타냅니다.

등급 급 (糸부수, 4획)

필순(10획) 級 級 級 級 級 級 級 級 級 級

✏️ 필순에 따라 級을 쓰세요.

✏️ 필순에 따라 級을 쓰고 훈과 음을 쓰세요.

級							
등급 급	등급 급						

✏️ 級의 부수를 쓰고 이름을 써 보세요. | 필순(6획) 糸 糸 糸 糸 糸 糸

級	糸						
실 사	실 사						

級數(급수) – 일정한 법칙에 의하여 차례로 배열한 단계.
同級(동급) – 같은 학년이나 동등한 지위에 있음.

제2과 학교편　　　　　　　　　　　　　　　　　　월　일　확인

夂 + 口 → 各

夂(뒤처져 올 치) 자와 口(입 구) 자가 합쳐진 글자로, 앞서가는 사람과 뒤처져 오는 사람의 말이 다르다는 데서 '각각'을 나타냅니다.

각각 각 (口부수, 3획)　　필순(6획) 各 夂 各 各 各 各

✏️ 필순에 따라 各을 쓰세요.

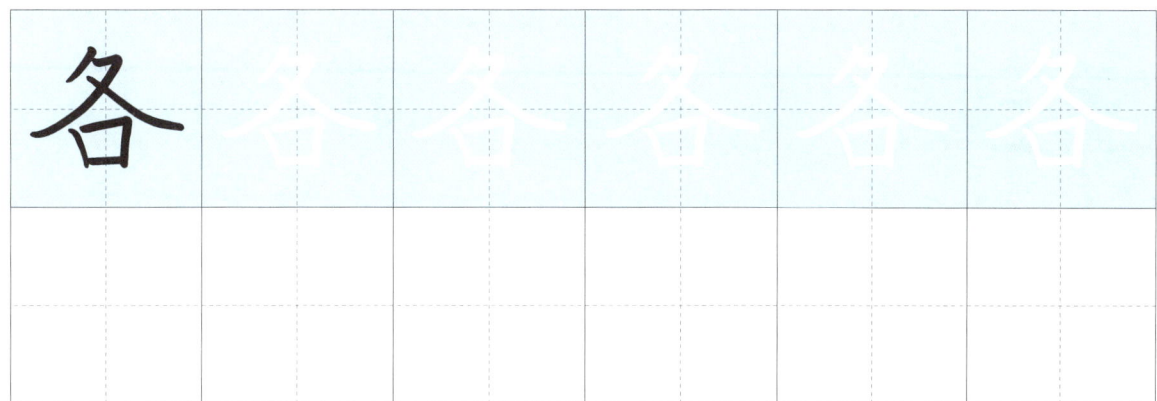

✏️ 필순에 따라 各을 쓰고 훈과 음을 쓰세요.

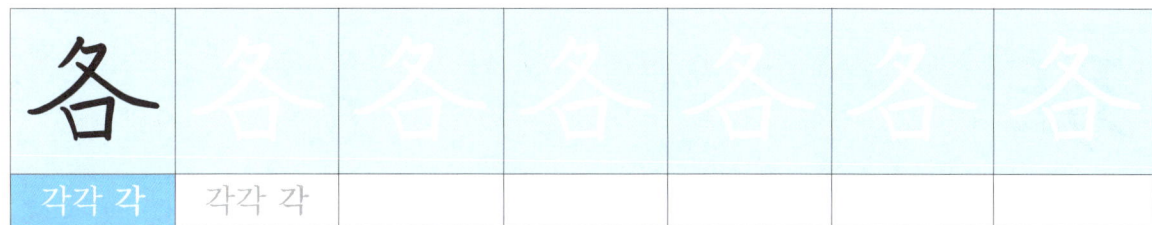

✏️ 各의 부수를 쓰고 이름을 써 보세요. | 필순(3획) 口 口 口

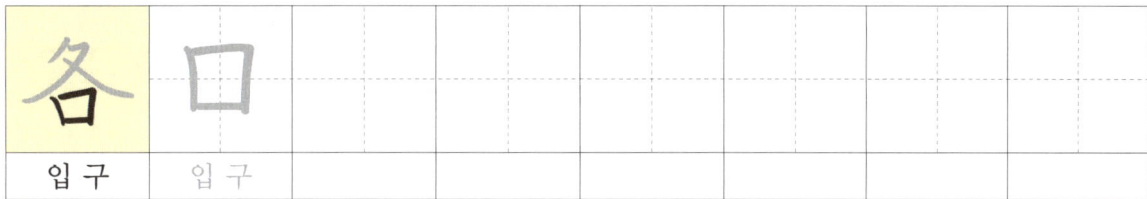

各自(각자) - 각각의 자신.
各各(각각) - 사람이나 물건의 하나하나.

제2과 학교편　　　　　　　　　　　　　　　　　　　　　　　월　일

玉 + 刀(=刂) + 玉 → 班

玉(구슬 옥) 자와 刀(칼 도) 자가 합쳐진 글자로, 칼로 하나의 옥을 두 개로 나눈다는 데서 '나누다'라는 뜻입니다.

나눌 반　(王(=玉)부수, 6획)　　필순(10획) 班班班班班班班班班班

✏️ 필순에 따라 班을 쓰세요.

✏️ 필순에 따라 班을 쓰고 훈과 음을 쓰세요.

班					
나눌 반	나눌 반				

✏️ 班의 부수를 쓰고 이름을 써 보세요. ｜ 필순(5획) 玉玉玉玉玉 (王=玉)

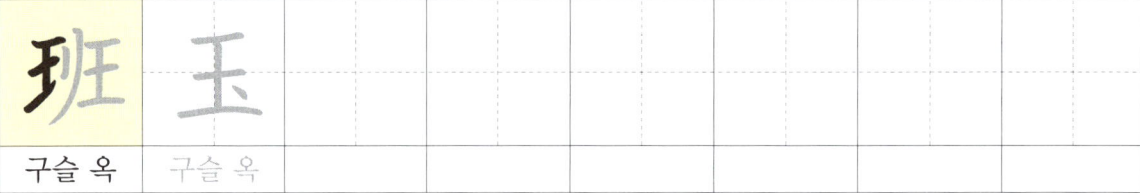

合班(합반) – 반을 합치는 것.
分班(분반) – 반을 나누는 것.

제2과 학교편　　　　　　　　　　　　　　　　　　　　　　월　일　확인

읽을 독 (言부수, 15획)

言 + 賣 → 讀

言(말씀 언) 자와 賣(팔 매) 자가 합쳐진 글자로, 장사꾼이 물건을 팔기 위해서 소리 내어 말한다는 데서 '읽다'라는 뜻을 나타냅니다.

필순(22획) 讀讀讀讀讀讀讀讀讀讀讀讀讀讀讀讀讀讀

✏️ 필순에 따라 讀을 쓰세요.

✏️ 필순에 따라 讀을 쓰고 훈과 음을 쓰세요.

讀	讀	讀	讀	讀	讀	讀
읽을 독	읽을 독					

✏️ 讀의 부수를 쓰고 이름을 써 보세요. | 필순(7획) 言言言言言言言

讀	言					
말씀 언	말씀 언					

讀書(독서) - 책의 뜻을 이해하면서 읽는 것.
速讀(속독) - 책을 빠르게 읽는 것.

23

제2과 학교편　　　　　　　　　　　　　　　　　월　　일

聿 + 日 → 書

聿(붓 율) 자와 曰(가로 왈) 자가 합쳐진 글자로, 성인의 말을 붓으로 쓰면 글이나 책이 된다는 뜻에서 '글'을 나타냅니다.

글 서 (日부수, 6획)

필순(10획) 書書書書書書書書書書

✏ 필순에 따라 書를 쓰세요.

✏ 필순에 따라 書를 쓰고 훈과 음을 쓰세요.

| 글 서 | 글 서 | | | | |

✏ 書의 부수를 쓰고 이름을 써 보세요. ｜ 필순(4획) 日 日 日 日

| 가로 왈 | 가로 왈 | | | | |

書店(서점) - 책을 파는 가게.
書信(서신) - 편지.

제2과 학교편　　　　　　　　　　　　　　　　　　　　　　월　일　확인

立 + 木 + 斤 → 新

立(설 립) 자와 木(나무 목) 자와 斤(도끼 근) 자가 합쳐진 글자로, 도끼로 나무를 베어 내 새 장작을 만든다는 의미로 '새롭다'라는 뜻입니다.

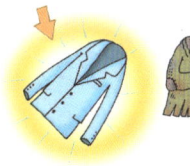

새 신 (斤부수, 9획)

필순(13획) 新新新新新新新新新新新新新

✏️ 필순에 따라 新을 쓰세요.

✏️ 필순에 따라 新을 쓰고 훈과 음을 쓰세요.

新						
새 신	새 신					

✏️ 新의 부수를 쓰고 이름을 써 보세요. ｜ 필순(4획) 斤 斤 斤 斤

新	斤					
도끼 근	도끼 근					

新郞(신랑) – 갓 결혼한 남자.
新作(신작) – 새로 지어 만듦.

제2과 학교편 　　　　　　　　　　　　　　　　　　　　　　　월　　　일　　확인

聞

들을 문 (耳부수, 8획)

門+耳→聞

門(문 문) 자와 耳(귀 이) 자가 합쳐진 글자로, 귀는 소리를 듣는 문이라는 의미에서 '듣다'라는 뜻을 나타냅니다.

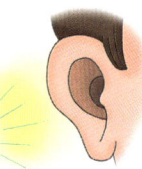

필순(14획) 聞聞聞聞聞聞聞聞聞聞聞聞聞聞

✏️ 필순에 따라 聞을 쓰세요.

聞							

✏️ 필순에 따라 聞을 쓰고 훈과 음을 쓰세요.

聞	聞	聞	聞	聞	聞
들을 문	들을 문				

✏️ 聞의 부수를 쓰고 이름을 써 보세요. | 필순(6획) 耳耳耳耳耳耳

聞	耳				
귀 이	귀 이				

所聞(소문) - 여러 사람의 입에 떠돌면서 들려오는 말.
風聞(풍문) - 바람처럼 떠도는 이야기.

제2과 학교편　　　　　　　　　　　　　　　　　　　　　　　　월　　일　　확인

言 + 川 → 訓

言(말씀 언) 자와 川(내 천) 자가 합쳐진 글자로, 가르치는 것은 물 흐르듯이 바르게 말하는 것이라는 의미로 '가르치다'라는 뜻입니다.

가르칠 훈 (言부수, 3획)　　필순(10획) 訓訓訓訓訓訓訓訓訓訓

✏️ 필순에 따라 訓을 쓰세요.

✏️ 필순에 따라 訓을 쓰고 훈과 음을 쓰세요.

| 가르칠 훈 | 가르칠 훈 | | | | | |

✏️ 訓의 부수를 쓰고 이름을 써 보세요. ｜ 필순(7획) 言言言言言言言

| 말씀 언 | 말씀 언 | | | | | |

訓戒(훈계) – 가르치고 타이르는 것.
訓長(훈장) – 서당에서 글을 가르치던 사람.

제2과 학교편 　　　　　　　　　　　　　　　　　　　　　　월　일　　확인

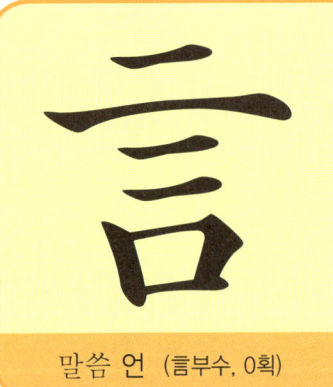
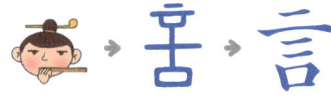

입으로 피리를 부는 모습을 본뜬 글자로, '말씀'을 나타냅니다.

말씀 언 (言부수, 0획)　　필순(7획) 言言言言言言言

✏ 필순에 따라 言을 쓰세요.

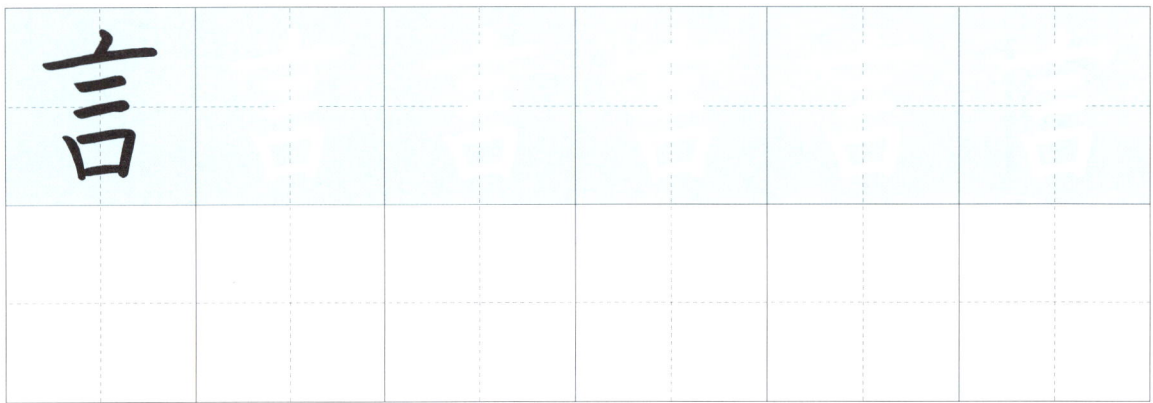

✏ 필순에 따라 言을 쓰고 훈과 음을 쓰세요.

言						
말씀 언	말씀 언					

✏ 言의 부수를 쓰고 이름을 써 보세요. | 필순(7획) 言言言言言言言

言論(언론) – 말이나 글로 자신의 의견을 나타내는 일.
言行(언행) – 말과 행동.

제2과 학교편　　　　　　　　　　　　　　　　　　　　　　월　　일

높고 큰 건물인 궁궐 등의 모습을 본뜬 글자로, '높다'라는 뜻입니다.

높을 고 (高부수, 0획)

필순(10획) 高高高高高高高高高高

✎ 필순에 따라 高를 쓰세요.

✎ 필순에 따라 高를 쓰고 훈과 음을 쓰세요.

높을 고 | 높을 고

✎ 高의 부수를 쓰고 이름을 써 보세요. | **필순(10획)** 高高高高高高高高高

높을 고 | 높을 고

高級(고급) - 품질이나 수준이 높음.
高手(고수) - 기술이 뛰어난 사람.

제2과 학교편　　　　　　　　　　　　　　　　　　　월　　　일

羽 + 白 → 習

羽(깃 우) 자와 白(흰 백) 자가 합쳐진 글자로, 깃털을 갖고 있는 새가 날기 위해 연습한다는 의미로 '익히다'라는 뜻입니다.

익힐 습 (羽부수, 5획)　　필순(11획) 習習習習習習習習習習習

✏️ 필순에 따라 習을 쓰세요.

習	習	習	習	習	習

✏️ 필순에 따라 習을 쓰고 훈과 음을 쓰세요.

習	習	習	習	習	習
익힐 습	익힐 습				

✏️ 習의 부수를 쓰고 이름을 써 보세요. ｜ 필순(6획) 羽羽羽羽羽羽

習	羽				
깃 우	깃 우				

習作(습작) – 그림이나 문학, 음악 등의 작품을 세상에 발표하기 전에 연습한 작품.
自**習**(자습) – 교사가 가르치지 않고 학생이 혼자서 공부하는 것.

제2과 학교편   월   일

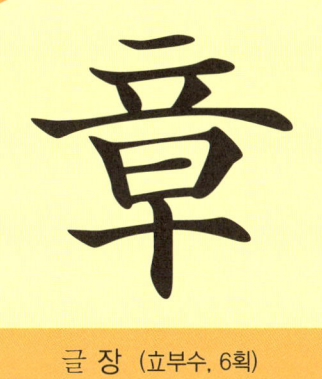

音(소리 음) 자와 十(열 십) 자가 합쳐진 글자로, 소리를 한 단락씩 끊어 기록한다는 의미로 '글'을 나타냅니다.

글 장 (立부수, 6획)   필순(11획) 章章章章章章章章章章章

✏️ 필순에 따라 章을 쓰세요.

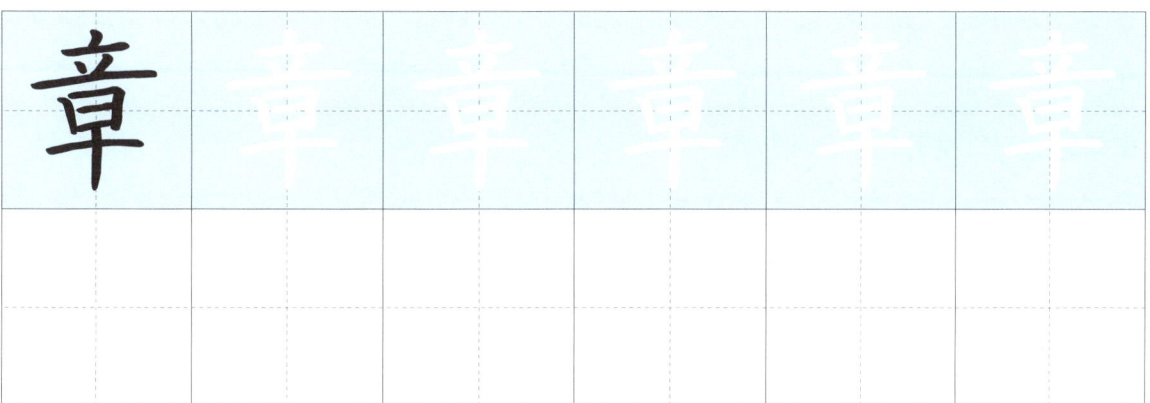

✏️ 필순에 따라 章을 쓰고 훈과 음을 쓰세요.

✏️ 章의 부수를 쓰고 이름을 써 보세요. | 필순(5획) 立立立立立

文章(문장) – 생각이나 느낌을 표현한 말이나 글의 단위.
圖章(도장) – 이름을 새겨서 문서에 찍도록 만든 물건.

기출 및 예상 문제

※ 다음 한자어의 독음을 쓰세요. (1~9)

(1) 新春 (   )　　(2) 記章 (   )　　(3) 孝女 (   )

(4) 高校 (   )　　(5) 等級 (   )　　(6) 訓言 (   )

(7) 級數 (   )　　(8) 書信 (   )　　(9) 新聞 (   )

※ 다음 한자의 훈과 음을 쓰세요. (10~18)

(10) 等 (   )　　(11) 訓 (   )　　(12) 章 (   )

(13) 新 (   )　　(14) 讀 (   )　　(15) 級 (   )

(16) 各 (   )　　(17) 道 (   )　　(18) 書 (   )

※ 다음 한자와 음이 같은 한자를 골라 번호를 쓰세요. (19~21)

(19) 場 (   )　① 章　② 各　③ 水　④ 高

(20) 書 (   )　① 長　② 事　③ 西　④ 語

(21) 話 (   )　① 長　② 活　③ 語　④ 火

기출 및 예상 문제

※ 필순에 관한 문제입니다. (22~23)

(22) 訓 ㉠획의 쓰는 순서를 아래에서 골라 번호를 쓰세요. (   )
① 세 번째   ② 다섯 번째   ③ 여섯 번째   ④ 여덟 번째

(23) 重 ㉠획의 쓰는 순서를 아래에서 골라 번호를 쓰세요. (   )
① 첫 번째   ② 두 번째   ③ 세 번째   ④ 다섯 번째

※ 밑줄 친 단어에 알맞은 한자어를 쓰세요. (24~30)

(24) 나의 반 등수는 더 떨어졌다.   (   )

(25) 동수는 바둑의 고수이다.   (   )

(26) 가을은 독서의 계절이다.   (   )

(27) 소문은 바람보다 빠르다.   (   )

(28) 각자 알아서 해결하도록 하십시오.   (   )

(29) 길을 건널 때는 좌우를 잘 살펴야 한다.   (   )

(30) 문답 형식의 대화는 학생들을 긴장시킵니다.   (   )

제3과 병원편 월 일 확인

殹 + 酉 → 醫

殹(앓는 소리 예) 자는 흉한 모습을, 酉(닭 유) 자는 술 단지의 모습을 표현해 과거에 약용 술로 사람의 병이나 상처를 고쳤다는 의미로 '의원'을 나타냅니다.

의원 의 (酉부수, 11획)   필순(18획) 醫醫醫醫醫醫醫醫醫醫醫醫醫醫醫醫醫醫

✏️ 필순에 따라 醫를 쓰세요.

✏️ 필순에 따라 醫를 쓰고 훈과 음을 쓰세요.

| 의원 의 | 의원 의 | | | | | |

✏️ 醫의 부수를 쓰고 이름을 써 보세요. | 필순(7획) 酉酉酉酉酉酉酉

| 닭 유 | 닭 유 | | | | | |

醫術(의술) – 병이나 상처를 낫게 하는 기술.
醫書(의서) – 의학에 관한 내용이 담긴 책.

제3과 병원편 　　　　　월　　일　　확인

禾 + 斗 → 科

禾(벼 화) 자와 斗(말 두) 자가 합쳐진 글자로, 벼를 종류별로 나눈다는 의미에서 '과목'을 나타냅니다.

과목 과 (禾부수, 4획)　　필순(9획) 科科科科科科科科科

✏ 필순에 따라 科를 쓰세요.

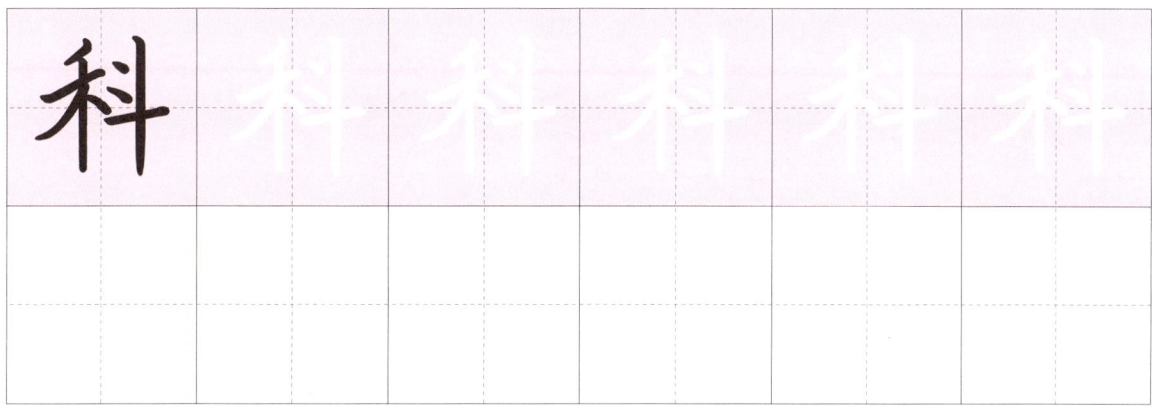

✏ 필순에 따라 科를 쓰고 훈과 음을 쓰세요.

✏ 科의 부수를 쓰고 이름을 써 보세요.　｜　필순(5획) 禾禾禾禾禾

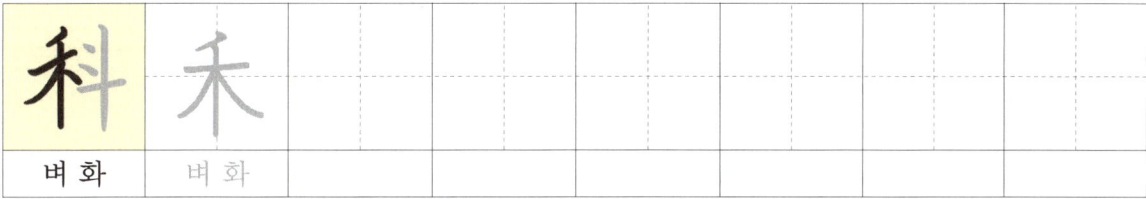

科目(과목) - 교과를 구성하는 단위.
教科書(교과서) - 학교 교과 과정에 맞춘 책.

제3과 병원편   월 일   확인

아이를 가진 여자의 모습을 본뜬 글자로, '몸'을 나타냅니다.

몸 신 (身부수, 0획)   필순(7획) 身身身身身身身

✏️ 필순에 따라 身을 쓰세요.

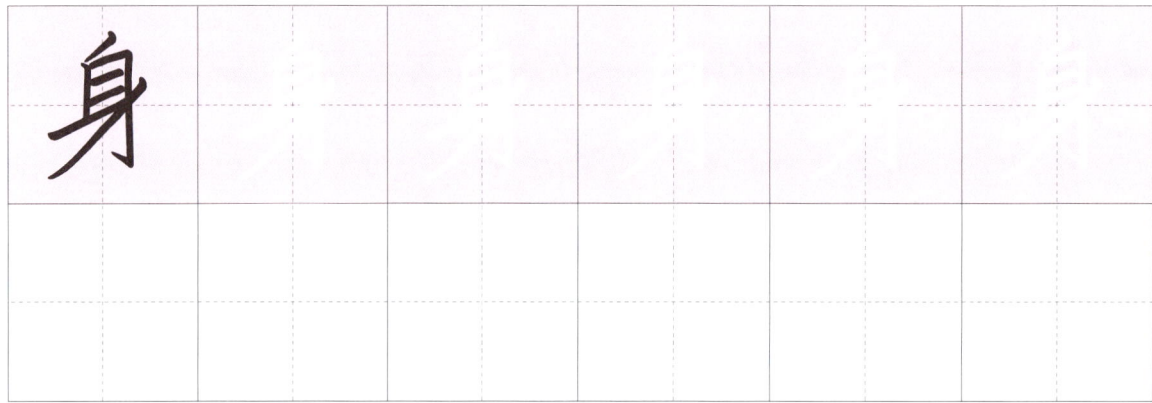

✏️ 필순에 따라 身을 쓰고 훈과 음을 쓰세요.

身						
몸 신	몸 신					

✏️ 身의 부수를 쓰고 이름을 써 보세요. | 필순(7획) 身身身身身身身

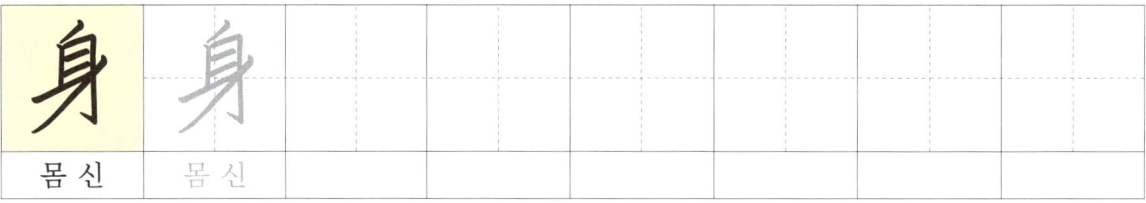

身體(신체) – 사람의 몸.
心**身**(심신) – 마음과 몸.

제3과 병원편   월   일   확인

骨 + 豊 → 體

骨(뼈 골) 자와 豊(풍년 풍) 자가 합쳐진 글자로, 몸에는 뼈가 많다는 의미에서 '몸'을 나타냅니다.

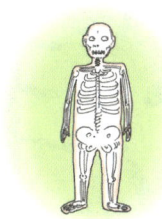

몸 체 (骨부수, 13획)

필순(23획) 體體體體體體體體體體體體體體體體體體體體體體體

필순에 따라 體를 쓰세요.

필순에 따라 體를 쓰고 훈과 음을 쓰세요.

體	體	體	體	體	體
몸 체	몸 체				

體의 부수를 쓰고 이름을 써 보세요. | 필순(10획) 骨骨骨骨骨骨骨骨骨骨

體	骨					
뼈 골	뼈 골					

體育(체육) - 신체를 튼튼하게 단련시키는 운동이나 일.
體力(체력) - 육체적인 힘.

제3과 병원편 월 일 확인

水(=氵) + 羊 → 洋

水(물 수) 자와 羊(양 양) 자가 합쳐진 글자로, 옛날부터 귀한 동물이었던 양은 훌륭하고 크다는 의미를 나타냈으므로, 물이 크다는 의미에서 '큰 바다'를 나타냅니다.

큰 바다 양 (氵(=水)부수, 6획) 필순(9획) 洋洋洋洋洋洋洋洋洋

✏️ 필순에 따라 洋을 쓰세요.

✏️ 필순에 따라 洋을 쓰고 훈과 음을 쓰세요.

洋					
큰 바다 양	큰 바다 양				

✏️ 洋의 부수를 쓰고 이름을 써 보세요. | 필순(4획) 水 水 水 水 (水=氵)

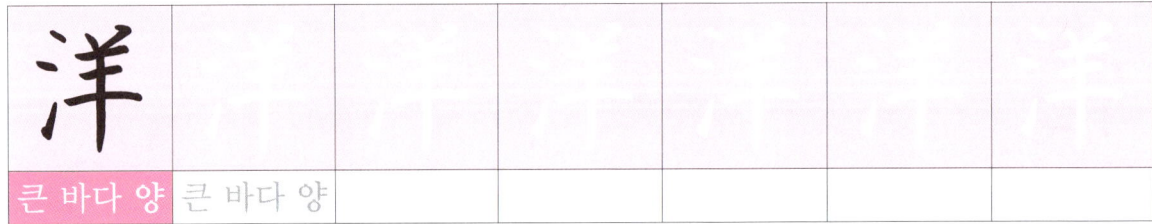

遠洋(원양) – 육지에서 멀리 떨어진 바다.
洋服(양복) – 서양식 남성 정장.

제3과 병원편 월 일 확인

藥

艸(=⺾) + 樂 → 藥

艸(풀 초) 자와 樂(즐길 락) 자가 합쳐진 글자로, 풀이 약이 되어 사람을 낫게 함으로써 즐거움을 준다는 데서 '약'을 나타냅니다.

약 약 (⺾(=艸)부수, 15획)

필순(19획) 藥藥藥藥藥藥藥藥藥藥藥藥藥藥藥藥藥藥藥

✏️ 필순에 따라 藥을 쓰세요.

✏️ 필순에 따라 藥을 쓰고 훈과 음을 쓰세요.

| 약 약 | 약 약 | | | | |

✏️ 藥의 부수를 쓰고 이름을 써 보세요. | 필순(6획) ⺾⺾⺾⺾⺾⺾(艸=⺾)

| 풀 초 | 풀 초 | | | | |

藥局(약국) - 약을 지어 주거나 파는 곳.
藥草(약초) - 약으로 쓰이는 풀.

39

제3과 병원편

广 + 丙 → 病

广(병들어 기댈 녁) 자와 丙(남녘 병) 자가 합쳐진 글자로, 병이 굳어지다, 더하여지다는 의미로 '병들다'라는 뜻을 나타냅니다.

병 병 (广부수, 5획)   필순(10획) 病病病病病病病病病病

✏️ 필순에 따라 病을 쓰세요.

✏️ 필순에 따라 病을 쓰고 훈과 음을 쓰세요.

病					
병 병	병 병				

✏️ 病의 부수를 쓰고 이름을 써 보세요.　필순(5획) 广 广 广 广 广

病	广						
병들어 기댈 녁	병들어 기댈 녁						

病室(병실) – 병원에서 환자가 치료받기 위하여 머무는 방.
病名(병명) – 병의 이름.

제3과 병원편　　　　　　　　　　　　　　　　　　월　　일　　확인

庶 + 巾 → 席

庶(여러 서) 자와 巾(수건 건) 자가 합쳐진 글자로, 서 있는 사람들에게 천을 깔아 줘서 자리를 만들어 준다는 의미에서 '자리'를 나타냅니다.

자리 석 (巾부수, 7획)　　필순(10획) 席席席席席席席席席席

✏️ 필순에 따라 席을 쓰세요.

✏️ 필순에 따라 席을 쓰고 훈과 음을 쓰세요.

席	席	席	席	席	席	席
자리 석	자리 석					

✏️ 席의 부수를 쓰고 이름을 써 보세요. ｜ 필순(3획) 巾 巾 巾

席	巾					
수건 건	수건 건					

立席(입석) - 지정된 자리가 없어 서서 타거나 구경하는 자리.
合席(합석) - 같은 자리에 함께 앉음.

제3과 **병원편**   월   일

논에 농부가 차례대로 씨를 뿌리는 모습을 본뜬 글자로, '차례'라는 뜻을 나타냅니다.

차례 번 (田부수, 7획)   필순(12획) 番番番番番番番番番番番番

✏️ 필순에 따라 番을 쓰세요.

✏️ 필순에 따라 番을 쓰고 훈과 음을 쓰세요.

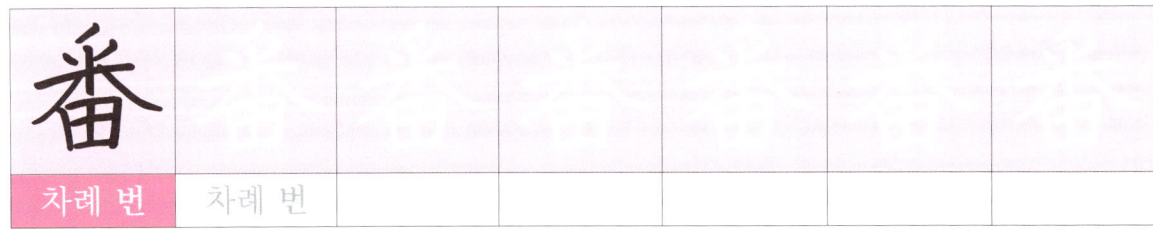

✏️ 番의 부수를 쓰고 이름을 써 보세요. | 필순(5획) 田田田田田

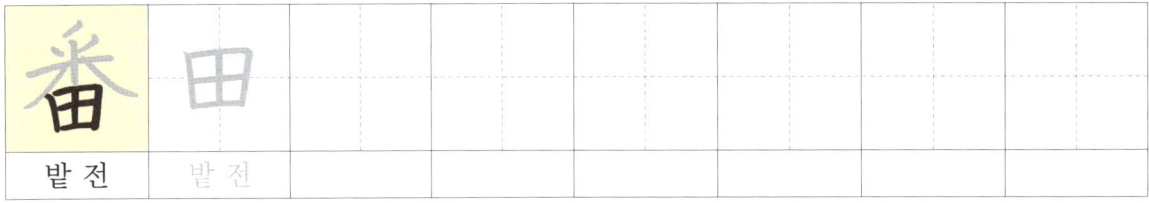

番號(번호) – 차례를 나타내거나 구분한 것을 알아보기 쉽도록 붙이는 숫자.
番地(번지) – 토지를 일정한 크기로 나누어서 붙여 놓은 번호.

제3과 병원편

虎 + 口 + 丂 → 號

虎(범 호) 자와 口(입 구) 자와 丂(공교할 교) 자가 합쳐진 글자로, 범이 입을 크게 벌리고 운다는 의미에서 '부르다', '이름'을 나타냅니다.

이름 호 (虍부수, 7획)

필순(13획) 號號號號號號號號號號號號號

✏️ 필순에 따라 號를 쓰세요.

號					

✏️ 필순에 따라 號를 쓰고 훈과 음을 쓰세요.

號					
이름 호	이름 호				

✏️ 號의 부수를 쓰고 이름을 써 보세요. | 필순(6획) 虍虍虍虍虍虍

號	虍				
호피 무늬 호	호피 무늬 호				

記號(기호) – 어떠한 뜻을 나타내는 일정한 표시.
國號(국호) – 나라의 이름.

제3과 병원편 월 일

쌀 미 (米부수, 0획)

줄기에 곡식과 잎사귀가 자라 뻗어 있는 모습을 본뜬 글자로, '쌀'을 나타냅니다.

필순(6획) 米 米 米 米 米 米

✏️ 필순에 따라 米를 쓰세요.

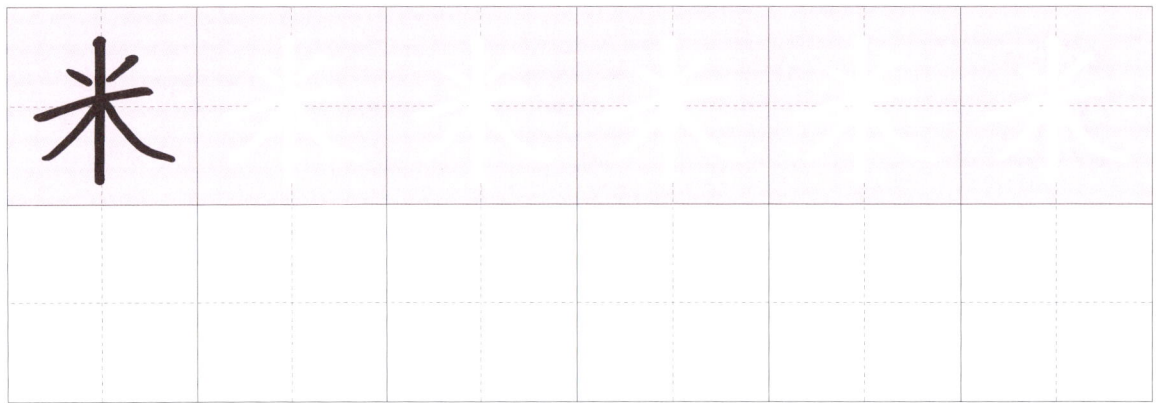

✏️ 필순에 따라 米를 쓰고 훈과 음을 쓰세요.

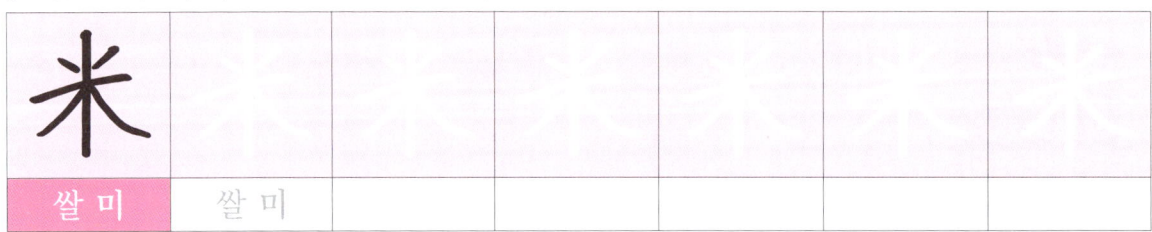

✏️ 米의 부수를 쓰고 이름을 써 보세요. | 필순(6획) 米 米 米 米 米 米

米飮(미음) – 쌀에 물을 많이 붓고 끓인 뒤 체에 거른 음식.
白米(백미) – 흰쌀.

제3과 병원편　　　　　　　　　　　　　　　　　　　　　월　일

食(=飠,食) + 欠 → 飲

食(밥 식) 자와 欠(하품 흠) 자가 합쳐진 글자로, 하품하듯 입을 벌려 마신다는 의미로 '마시다'라는 뜻입니다.

마실 음 (飠(=飠,食)부수, 4획)　　**필순**(13획) 飲飲飲飲飲飲飲飲飲飲飲飲飲

✏️ 필순에 따라 飲을 쓰세요.

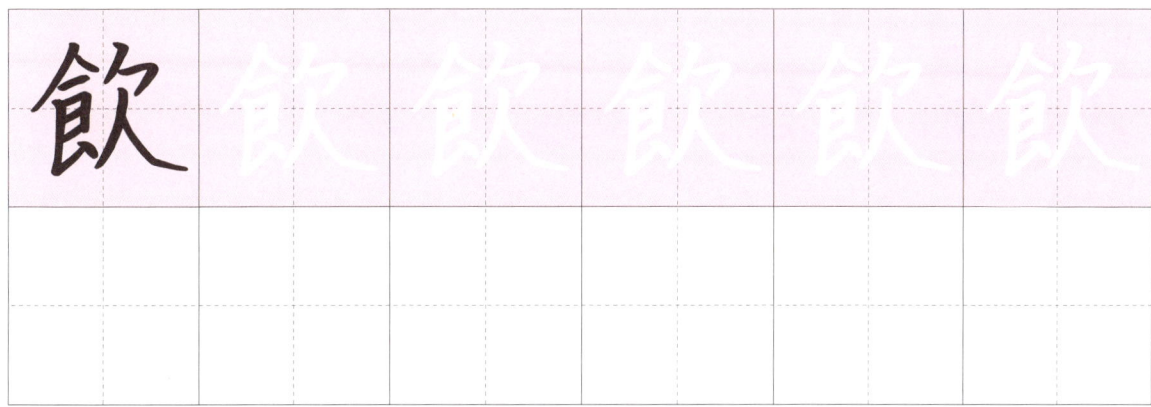

✏️ 필순에 따라 飲을 쓰고 훈과 음을 쓰세요.

飲	飲	飲	飲	飲	飲	飲
마실 음	마실 음					

✏️ 飲의 부수를 쓰고 이름을 써 보세요.　|　**필순**(9획) 食食食食食食食食食(食=飠)

飲	食					
밥 식	밥 식					

飲食(음식) - 먹고 마시는 것.
飲料水(음료수) - 마시거나 음식을 만들 때 쓸 수 있는 물.

제3과 **병원편**　　　　　　　　　　　　　　월　　　일　　　확인

待

기다릴 대 (彳부수, 6획)

彳(=亻) + 寺 → 待

彳(조금 걸을 척) 자와 寺(절 사) 자가 합쳐진 글자로, 절에서 천천히 걸으며 누군가를 기다린다는 의미로 '기다리다'라는 뜻을 나타냅니다.

필순(9획) 待待待待待待待待待

✏️ 필순에 따라 待를 쓰세요.

待						

✏️ 필순에 따라 待를 쓰고 훈과 음을 쓰세요.

待						
기다릴 대	기다릴 대					

✏️ 待의 부수를 쓰고 이름을 써 보세요. | **필순**(3획) 彳彳彳

待	彳					
조금 걸을 척	조금 걸을 척					

期待(기대) – 어떤 일이 이루어지기를 바라고 기다림.
苦待(고대) – 몹시 기다림.

기출 및 예상 문제

※ 다음 말의 뜻에 맞는 한자어를 |보기|에서 골라 번호를 쓰세요. (1~4)

|보기|
① 合席   ② 白米   ③ 病名   ④ 醫書

(1) 의학에 관한 내용이 담긴 책 (　) (2) 같은 자리에 함께 앉음 (　)
(3) 병의 이름 (　)　　　　　　　 (4) 흰쌀 (　)

※ 다음의 훈과 음에 해당하는 한자를 쓰세요. (5~12)

(5) 꽃 화　　　(　)　　(6) 할아버지 조　(　)
(7) 낮 오　　　(　)　　(8) 편안 안　　　(　)
(9) 기다릴 대　(　)　　(10) 쌀 미　　　 (　)
(11) 약 약　　 (　)　　(12) 큰 바다 양　 (　)

※ 다음 밑줄 친 말을 한자로 쓰세요. (13~18)

(13) 더울 때는 차가운 음료수를 마시는 것이 좋다. (　)

(14) 몸이 아플 때는 미음을 먹어야 한다. (　)

(15) 그 한의사는 의술이 뛰어나다. (　)

(16) 영호는 과목별로 성적이 들쑥날쑥하다. (　)

(17) 은행에서는 대기표를 뽑아 기다려야 한다. (　)

(18) 영화를 볼 때는 중앙 좌석이 제일 좋다. (　)

기출 및 예상 문제

※ 다음 빈칸에 들어갈 한자를 |보기|에서 찾아 그 번호를 쓰세요. (19~21)

| 보기 |
① 言   ② 洋   ③ 八   ④ 身   ⑤ 靑   ⑥ 體

(19) 一口二(　)　　　　　　　　　　　　　(　　)

(20) 十中(　)九　　　　　　　　　　　　　(　　)

(21) 一心同(　)　　　　　　　　　　　　　(　　)

※ 다음 한자어의 독음을 쓰세요. (22~29)

(22) 醫科 (　　)　　　(23) 藥物 (　　)

(24) 身體 (　　)　　　(25) 病席 (　　)

(26) 洋藥 (　　)　　　(27) 國號 (　　)

(28) 番地 (　　)　　　(29) 立席 (　　)

※ 필순에 관한 문제입니다.

(30) 全 '全'을 쓰는 순서로 맞는 것을 골라 번호를 쓰세요. (　　)

① 2-4-1-5-6-4　　　② 1-2-6-3-4-5

③ 2-6-1-4-3-5　　　④ 2-4-1-3-6-5

제4과 예술편　　　　　　　　　　　　　　　　　　　　　　　　　월　일

그림 도 (口부수, 11획)

일정한 영토 안에서 농토를 나누기 위해 선을 그리는 모습을 본뜬 글자로, '그림', '그리다'라는 뜻입니다.

필순(14획) 圖 圖 圖 圖 圖 圖 圖 圖 圖 圖 圖 圖 圖 圖

✏️ 필순에 따라 圖를 쓰세요.

✏️ 필순에 따라 圖를 쓰고 훈과 음을 쓰세요.

✏️ 圖의 부수를 쓰고 이름을 써 보세요. | 필순(3획) 口 口 口

圖式(도식) – 사물의 구조나 사물들의 관계를 그림으로 그린 것.
圖書(도서) – 그림, 글씨, 책 따위를 통틀어 이르는 말.

제4과 예술편　　　　　　　　　　　　　　　　　　　월　　일

聿 + 田 + 一 → 畫

聿(붓 율) 자와 田(밭 전) 자, 一(한 일) 자가 합쳐진 글자로, 붓을 들고 밭의 경계를 나누듯 그림을 그린다는 의미로 '그림', '그리다', '긋다'라는 뜻입니다.

그림 화 / 그을 획 (田부수, 7획)　　필순(12획) 畫畫畫畫畫畫畫畫畫畫畫畫

✏️ 필순에 따라 畫를 쓰세요.

✏️ 필순에 따라 畫를 쓰고 훈과 음을 쓰세요.

畫							
그림 화	그림 화						

✏️ 畫의 부수를 쓰고 이름을 써 보세요. | 필순(5획) 田 田 田 田 田

畫	田						
밭 전	밭 전						

畫面(화면) – 그림을 그린 표면.
畫家(화가) – 전문적으로 그림을 그리는 사람.

제4과 예술편 월 일 확인

羊 + 大 → 美

羊(양 양) 자와 大(큰 대) 자가 합쳐진 글자로, 살찌고 큰 양이 맛있어 보기 좋다는 의미로 '아름답다'라는 뜻입니다.

아름다울 미 (羊부수, 3획) 필순(9획) 美美美美美美美美美

✏️ 필순에 따라 美를 쓰세요.

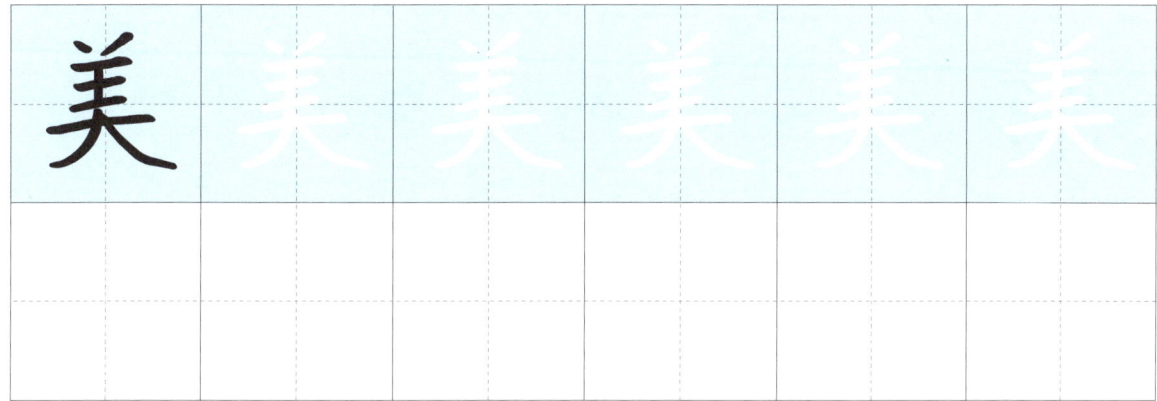

✏️ 필순에 따라 美를 쓰고 훈과 음을 쓰세요.

美	美	美	美	美	美
아름다울 미	아름다울 미				

✏️ 美의 부수를 쓰고 이름을 써 보세요. | 필순(6획) 羊羊羊羊羊羊

美	羊				
양 양	양 양				

美人(미인) – 아름다운 외모를 갖춘 사람.
美感(미감) – 아름다움에 대한 느낌.

제4과 예술편   월 일   확인

行 + 朮 → 術

行(다닐 행) 자와 朮(차조 출) 자가 합쳐진 글자로, 길을 다니며 작은 조 알곡을 찾는 재주라는 의미로 '재주'를 뜻합니다.

재주 술 (行부수, 5획)

필순(11획) 術 術 術 術 術 術 術 術 術 術 術

✏️ 필순에 따라 術을 쓰세요.

術						

✏️ 필순에 따라 術을 쓰고 훈과 음을 쓰세요.

術						
재주 술	재주 술					

✏️ 術의 부수를 쓰고 이름을 써 보세요. | 필순(6획) 行 行 行 行 行 行

術	行					
다닐 행	다닐 행					

美術(미술) – 공간 및 시각의 아름다움을 표현하는 예술.
話術(화술) – 말을 잘하는 기술.

제4과 예술편   월   일   확인

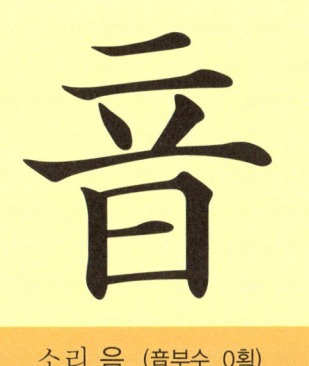

言(말씀 언) 자와 口(입 구) 자가 합쳐진 글자로, 말하는 사람의 입은 소리가 난다는 의미에서 '소리'를 뜻합니다.

소리 음 (音부수, 0획)   **필순**(9획) 音音音音音音音音音

✏️ 필순에 따라 音을 쓰세요.

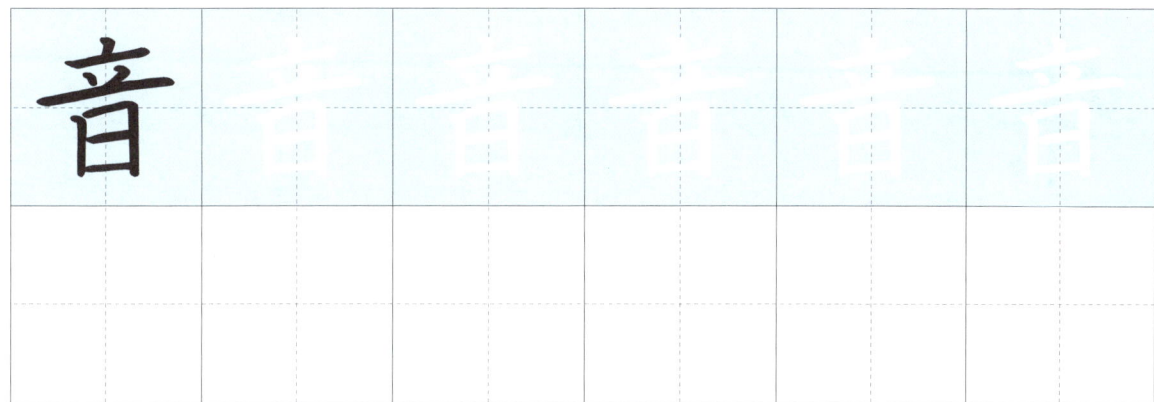

✏️ 필순에 따라 音을 쓰고 훈과 음을 쓰세요.

音	音	音	音	音	音	音
소리 음	소리 음					

✏️ 音의 부수를 쓰고 이름을 써 보세요.   **필순**(9획) 音音音音音音音音音

音樂(음악) – 곡을 목소리나 악기로 연주하는 예술.
音癡(음치) – 음에 대한 감각이 무딘 상태.

제4과 예술편

즐길 락(낙) / 노래 악 / 좋아할 요
(木부수, 11획)

絲 + 白 + 木 → 樂

絲(실 사) 자와 白(악기를 두드리는 도구를 본뜬 자) 자와 木(나무 목) 자가 합쳐진 글자로, 현악기와 타악기가 놓여 있는 모습을 나타내 '악기', '즐겁다', '좋아하다'라는 뜻입니다.

필순(15획) 樂 ʳ ʳ 白 白 白 白 樂 樂 樂 樂 樂 樂 樂 樂

✏️ 필순에 따라 樂을 쓰세요.

✏️ 필순에 따라 樂을 쓰고 훈과 음을 쓰세요.

즐길 락 | 즐길 락

✏️ 樂의 부수를 쓰고 이름을 써 보세요. | **필순**(4획) 木 木 木 木

나무 목 | 나무 목

苦樂(고락) - 괴로움과 즐거움.
樂園(낙원) - 아무 걱정이나 부족함 없이 살 수 있는 곳.

54

제4과 예술편　　　　　　　　　　　　　　　　　월　일　확인

示 + 申 → 神

示(보일 시) 자와 申(거듭 신) 자가 합쳐진 글자로, '귀신'을 뜻합니다.

귀신 신 (示부수, 5획)

필순(10획) 神神神神神神神神神神

✏️ 필순에 따라 神을 쓰세요.

✏️ 필순에 따라 神을 쓰고 훈과 음을 쓰세요.

귀신 신 | 귀신 신

✏️ 神의 부수를 쓰고 이름을 써 보세요. | **필순(5획)** 示示示示示

보일 시 | 보일 시

山神(산신) - 산을 맡아 지키는 신.
神明(신명) - 하늘과 땅의 신령.

제4과 예술편   월   일   확인

立 + 里 → 童

立(설 립) 자와 里(마을 리) 자가 합쳐진 글자로, 동네 어귀에 서서 노는 아이들이라는 의미에서 '아이'를 뜻합니다.

아이 동 (立부수, 7획)

필순(12획) 童童童童童童童童童童童童

✏ 필순에 따라 童을 쓰세요.

✏ 필순에 따라 童을 쓰고 훈과 음을 쓰세요.

童						
아이 동	아이 동					

✏ 童의 부수를 쓰고 이름을 써 보세요. | 필순(5획) 立 立 立 立 立

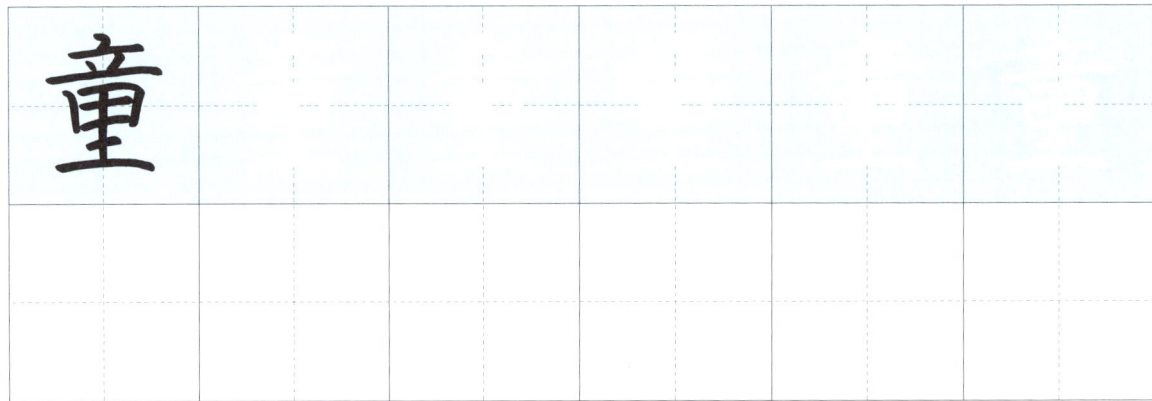

童	立					
설 립	설 립					

童心(동심) – 어린아이의 마음.
神童(신동) – 재주와 슬기가 남달리 뛰어난 아이.

제4과 예술편   월   일   확인

題

是 + 頁 → 題

是(옳을 시) 자와 頁(머리 혈) 자가 합쳐진 글자로, 사람의 제일 앞부분에 나와 있는 부분이 머리인 데서 글의 머리를 뜻하는 '제목'을 나타냅니다.

제목 제 (頁부수, 9획)

필순(18획) 題題題題題題題題題題題題題題題題題題

✏️ 필순에 따라 題를 쓰세요.

題	題	題	題	題	題

✏️ 필순에 따라 題를 쓰고 훈과 음을 쓰세요.

題	題	題	題	題	題
제목 제	제목 제				

✏️ 題의 부수를 쓰고 이름을 써 보세요. | 필순(9획) 頁頁頁頁頁頁頁頁頁

題	頁						
머리 혈	머리 혈						

題目(제목) – 작품이나 문서 등에 붙이는 이름.
出題(출제) – 시험 문제를 냄.

57

제4과 예술편 월 일

사람의 눈에 눈동자가 그려져 있는 모습을 본뜬 글자로, '눈'을 나타냅니다.

눈 목 (目부수, 0획)   필순(5획) 目 目 目 目 目

✏️ 필순에 따라 目을 쓰세요.

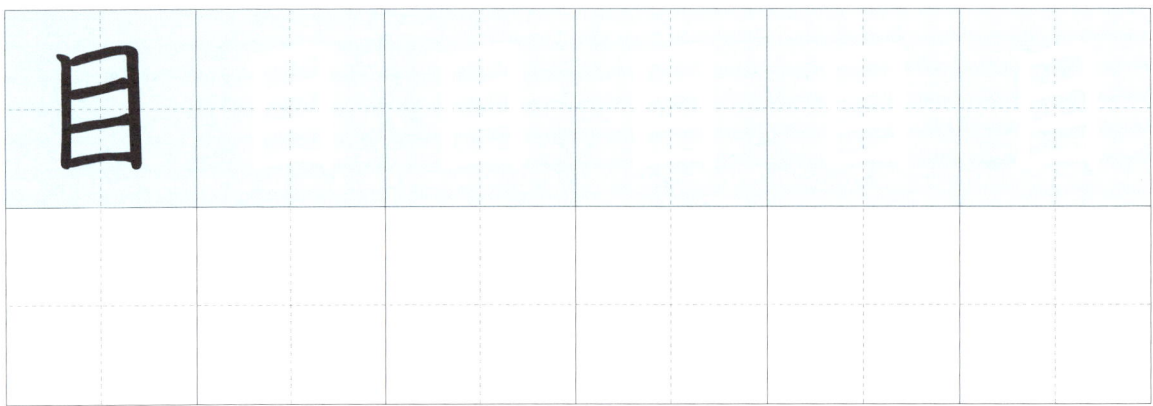

✏️ 필순에 따라 目을 쓰고 훈과 음을 쓰세요.

✏️ 目의 부수를 쓰고 이름을 써 보세요. | 필순(5획) 目 目 目 目 目

面目(면목) – 남을 대하기에 번듯한 입장.
目次(목차) – 내용의 항목이나 제목을 차례로 배열한 것.

제4과 예술편   월   일   확인

艹(=⁺⁺) + 央 → 英

艹(풀 초) 자와 央(가운데 앙) 자가 합쳐진 글자로, 가운데에 풀이 자란다는 의미로 옛날 중국에서 열매 맺지 않는 꽃을 일컫는 '꽃부리'를 나타냅니다.

꽃부리 영 (⁺⁺(=艹)부수, 5획)

필순(9획) 英 英 英 英 英 英 英 英 英

✏️ 필순에 따라 英을 쓰세요.

英					

✏️ 필순에 따라 英을 쓰고 훈과 음을 쓰세요.

英					
꽃부리 영	꽃부리 영				

✏️ 英의 부수를 쓰고 이름을 써 보세요. | 필순(6획) 艹 艹 艹 艹 艹 艹 (艹=⁺⁺)

英	艹				
풀 초	풀 초				

英特(영특) – 뛰어나게 똑똑함.
英才(영재) – 뛰어난 재주를 지닌 사람.

제4과 예술편　　　　　　　　　　　　　　　월　일

초목에 싹이 나는 모습을 본뜬 글자로, 초목에서 새싹이 자라나듯 인간의 능력도 키울 수 있다는 의미로 '재주'를 나타냅니다.

재주 재 (才(=手)부수, 0획)　　필순(3획)　才 才 才

✏ 필순에 따라 才를 쓰세요.

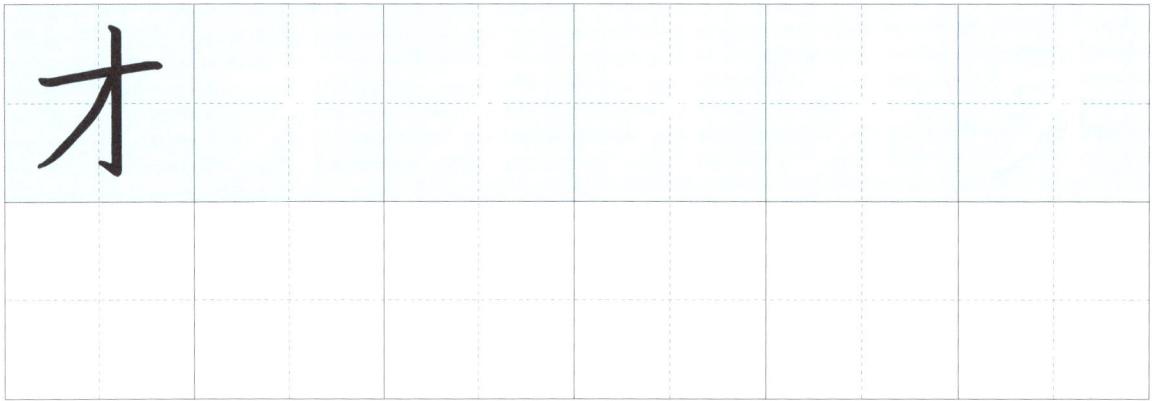

✏ 필순에 따라 才를 쓰고 훈과 음을 쓰세요.

才							
재주 재	재주 재						

✏ 才의 부수를 쓰고 이름을 써 보세요. ｜ 필순(4획) 手 手 手 手 (手=扌)

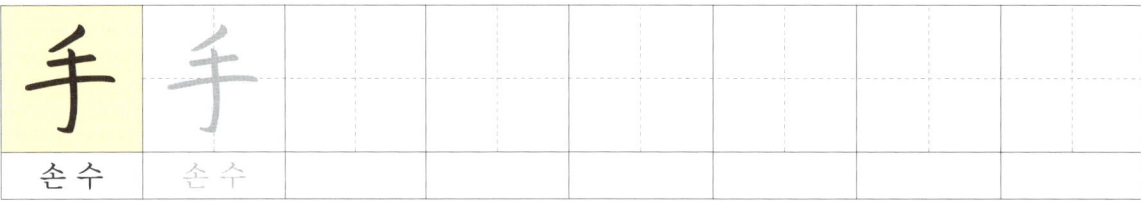

英談(재담) – 익살과 재치를 부리며 하는 재미스러운 말.
天才(천재) – 타고난 재주가 뛰어난 사람.

제4과 예술편　　　　　　　　　　　　　　　　　월　일　확인

作

人(=亻) + 乍 → 作

人(사람 인) 자와 칼로 물건을 가른다는 뜻의 乍(잠깐 사) 자가 합쳐진 글자로, 사람이 칼로 물건을 가르면서 무언가를 만든다는 의미에서 '짓다'라는 뜻을 나타냅니다.

지을 작 (亻(=人)부수, 5획)　　필순(7획) 作作作作作作作

✏ 필순에 따라 作을 쓰세요.

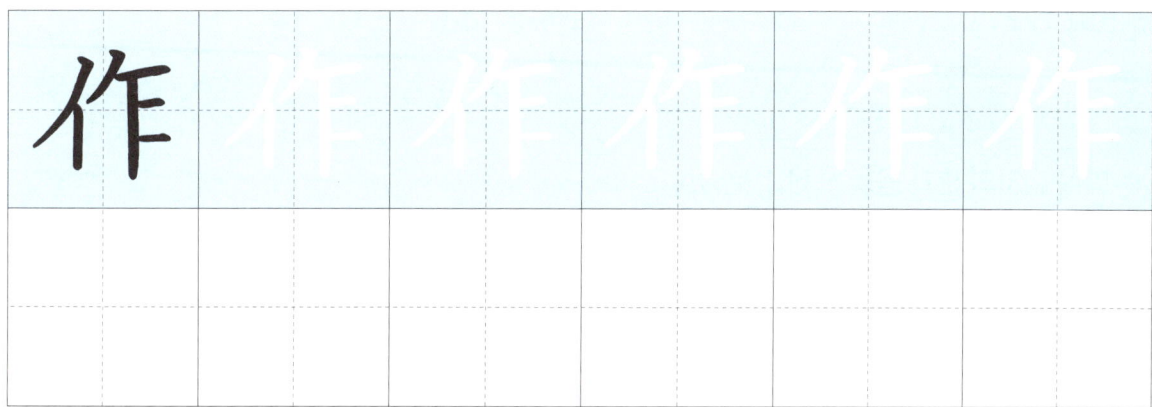

✏ 필순에 따라 作을 쓰고 훈과 음을 쓰세요.

作	作	作	作	作	作
지을 작	지을 작				

✏ 作의 부수를 쓰고 이름을 써 보세요. | 필순(2획) 人 人 (人=亻)

作	人				
사람 인	사람 인				

作家(작가) – 문학이나 예술 활동 등의 창작 활동을 전문적으로 하는 사람.
作名(작명) – 이름을 지음.

61

기출 및 예상 문제

※ 다음 한자어의 독음을 쓰세요. (1~10)

(1) 圖式 (　　　)   (2) 美術 (　　　)

(3) 音樂 (　　　)   (4) 童心 (　　　)

(5) 數學 (　　　)   (6) 出題 (　　　)

(7) 英國 (　　　)   (8) 目前 (　　　)

(9) 作家 (　　　)   (10) 天才 (　　　)

※ 다음 한자의 훈과 음을 쓰세요. (11~20)

(11) 直 (　　　)   (12) 童 (　　　)

(13) 外 (　　　)   (14) 術 (　　　)

(15) 樂 (　　　)   (16) 神 (　　　)

(17) 英 (　　　)   (18) 圖 (　　　)

(19) 色 (　　　)   (20) 電 (　　　)

※ 다음 뜻에 맞는 한자어를 쓰세요. (21~24)

(21) 시험 문제를 냄 　　　　　　　　　　(　　　)

(22) 글씨, 그림, 책 등을 총칭하는 말 　　(　　　)

(23) 나라의 군대 　　　　　　　　　　　(　　　)

(24) 뛰어난 재주를 지닌 사람 　　　　　(　　　)

기출 및 예상 문제

※ 다음 한자와 뜻이 비슷한 한자를 골라 번호를 쓰세요. (25~27)

(25) 洞 (　　)　　　　　　　　　① 校　② 姓　③ 國　④ 里
(26) 圖 (　　)　　　　　　　　　① 畫　② 歌　③ 事　④ 海
(27) 家 (　　)　　　　　　　　　① 然　② 祖　③ 育　④ 室

※ 밑줄 친 한자어에 알맞은 한자를 쓰세요. (28~33)

(28) 영희는 동시의 제목을 잘 짓는다.　　　　　　　(　　　)
(29) 철수는 성격이 낙천적이다.　　　　　　　　　　(　　　)
(30) 나는 오늘 교과서를 가져오지 않았다.　　　　　(　　　)
(31) 광수는 어릴 때부터 천재라는 소리를 들었다.　 (　　　)
(32) 아버지를 뵐 면목이 없다.　　　　　　　　　　 (　　　)
(33) 화가라는 직업은 때로는 고독을 즐길 줄 알아야 한다. (　　　)

※ 밑줄 친 한자어의 독음을 쓰세요. (34~37)

(34) 우리 오빠는 海軍이다.　　　　　　　　　　　 (　　　)
(35) 美國에 가는 비행기 삯은 비싼 편이다.　　　　 (　　　)
(36) 아이들은 美術 시간을 제일 좋아한다.　　　　　(　　　)
(37) 飮食을 골고루 먹어야 키가 잘 자란다.　　　　 (　　　)

제5과 시간편   월   일   확인

玉(→王)+見→現

玉(구슬 옥) 자와 見(볼 견) 자가 합쳐진 글자로, 구슬을 열심히 닦으면 빛을 볼 수 있다는 의미로 '나타나다'라는 뜻입니다.

나타날 현 (王(=玉)부수, 7획)

필순(11획) 現 現 現 現 現 現 現 現 現 現 現

✏️ 필순에 따라 現을 쓰세요.

✏️ 필순에 따라 現을 쓰고 훈과 음을 쓰세요.

現							
나타날 현	나타날 현						

✏️ 現의 부수를 쓰고 이름을 써 보세요. | 필순(5획) 玉 玉 玉 玉 玉

現	玉						
구슬 옥	구슬 옥						

出現(출현) - 없었거나 숨겨져 있던 사물이나 현상이 나타나는 것.
現代(현대) - 과거나 미래가 아닌 지금의 시대.

제5과 시간편

才 + 土 → 在

才(재주 재) 자와 土(흙 토) 자가 합쳐진 글자로, 흙은 여러 가지로 활용이 가능한 재주가 있다는 의미에서 '있다'를 나타냅니다.

있을 재 (土부수, 3획)

필순(6획) 在在在在在在

✏️ 필순에 따라 在를 쓰세요.

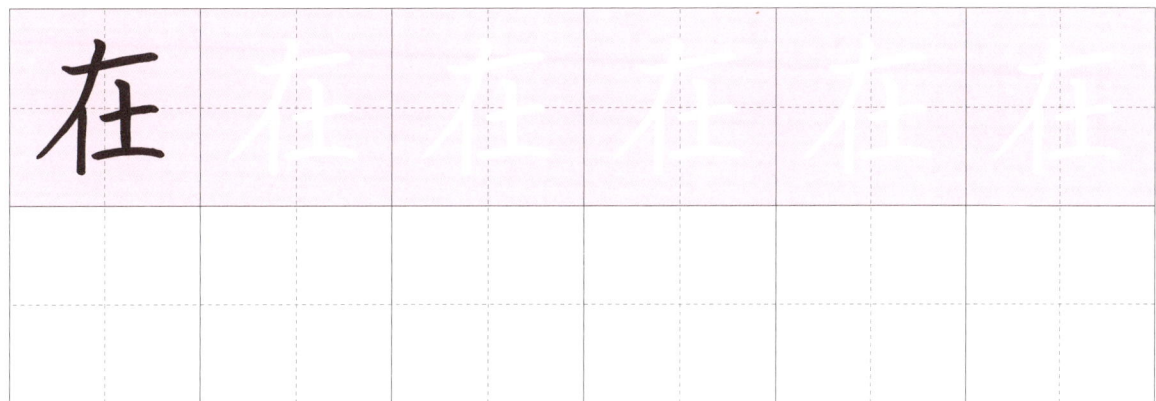

✏️ 필순에 따라 在를 쓰고 훈과 음을 쓰세요.

在	在	在	在	在	在
있을 재	있을 재				

✏️ 在의 부수를 쓰고 이름을 써 보세요. | 필순(3획) 土 土 土

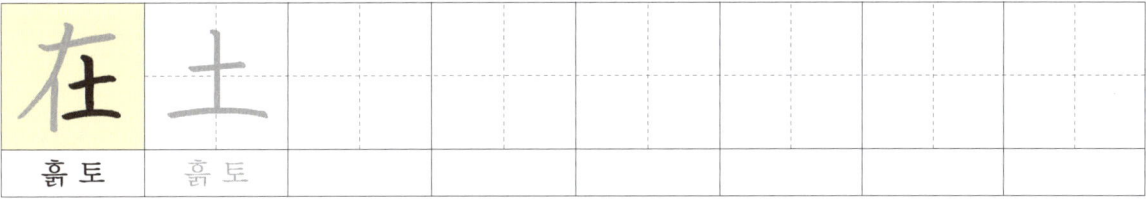

在學(재학) – 학교에 다니며 공부하는 것.
不在(부재) – 자리에 없음. 그곳에 있지 않음.

제5과 시간편　　　　　　　　　　　　　　　　　　　월　　일　　확인

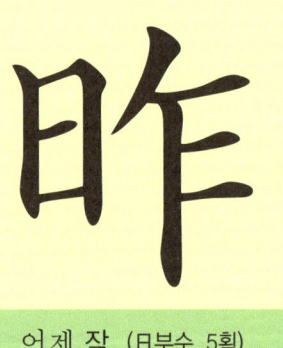

日 + 乍 → 昨

日(날 일) 자와 乍(잠깐 사) 자가 합쳐진 글자로, 잠깐 전에 지나간 날은 어제가 된다는 의미에서 '어제'를 뜻합니다.

어제 작 (日부수, 5획)　　필순(9획)　昨 昨 昨 昨 昨 昨 昨 昨 昨

✏️ 필순에 따라 昨을 쓰세요.

昨							

✏️ 필순에 따라 昨을 쓰고 훈과 음을 쓰세요.

昨	昨						
어제 작	어제 작						

✏️ 昨의 부수를 쓰고 이름을 써 보세요. ｜ 필순(4획) 日 日 日 日

昨	日						
날 일	날 일						

昨年(작년) – 올해 바로 전의 해.
昨今(작금) – 어제와 오늘. 요즈음.

제5과 시간편　　　　　　　　　　　　　　　　월　　일

스(모일 집) 자와 及(미칠 급) 자가 합쳐진 글자로, 사람이 모이는 곳에 시간 맞추어 가다의 뜻에서 '이제', '지금'을 나타냅니다.

이제 금 (人부수, 2획)　　필순(4획)　今 今 今 今

✏️ 필순에 따라 今을 쓰세요.

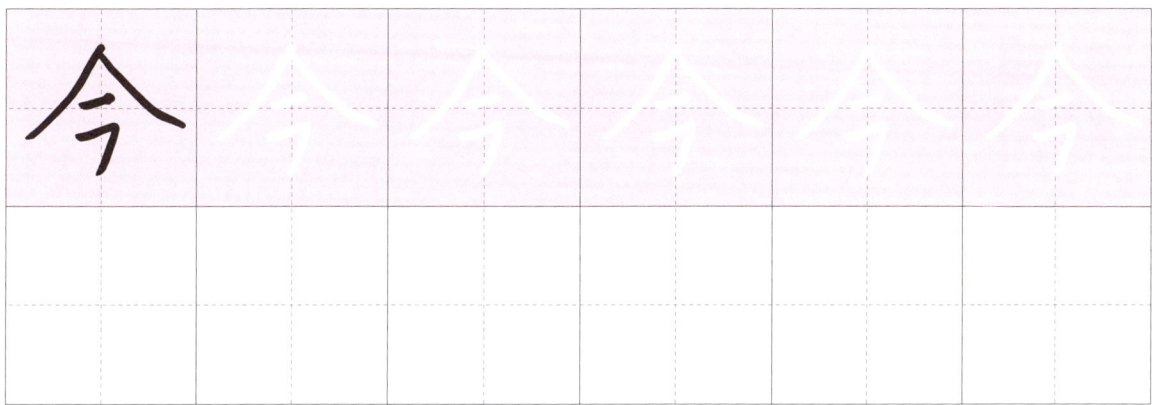

✏️ 필순에 따라 今을 쓰고 훈과 음을 쓰세요.

이제 금 | 이제 금

✏️ 今의 부수를 쓰고 이름을 써 보세요. | 필순(2획) 人 人

사람 인 | 사람 인

只今(지금) – 이제, 이 시간, 곧을 이르는 말.
方今(방금) – 바로 조금 전.

제5과 시간편 월 일 확인

門 + 一 + 廾 → 開

門(문 문) 자와 一(한 일) 자와 廾(받들 공) 자가 합쳐진 글자로, 문에 걸려 있는 빗장을 두 손으로 받들어서 푼다는 의미에서 '열다'라는 뜻입니다.

열 개 (門부수, 4획)

필순(12획) 開開開開開開開開開開開開

✏️ 필순에 따라 開를 쓰세요.

開							

✏️ 필순에 따라 開를 쓰고 훈과 음을 쓰세요.

開							
열 개	열 개						

✏️ 開의 부수를 쓰고 이름을 써 보세요. | 필순(8획) 門門門門門門門門

開	門						
문 문	문 문						

開業(개업) - 사업이나 영업을 처음 시작하는 것.
公開(공개) - 알리거나 보이거나 하기 위하여 여러 사람에게 널리 터놓음.

68

제5과 시간편   월   일

女 + 台 → 始

女(여자 녀) 자와 台(별 태) 자가 합쳐진 글자로, 처음 아이를 밴 여자라는 의미에서 '비로소', '처음'이라는 뜻을 나타냅니다.

비로소 시 (女부수, 5획)

필순(8획) 始 始 始 始 始 始 始 始

✏️ 필순에 따라 始를 쓰세요.

✏️ 필순에 따라 始를 쓰고 훈과 음을 쓰세요.

始					
비로소 시	비로소 시				

✏️ 始의 부수를 쓰고 이름을 써 보세요. | 필순(3획) 女 女 女

始	女					
여자 녀	여자 녀					

始祖(시조) - 한 족속의 처음이 되는 조상.
始作(시작) - 어떤 일이나 행동을 처음으로 하는 것.

제5과 **시간편**   월   일

及(=㇒) + 心 → 急

及(미칠 급) 자와 心(마음 심) 자가 합쳐진 글자로, 도착지에 이르기까지 마음이 급하다는 의미에서 '급하다'라는 뜻을 나타냅니다.

급할 급 (心부수, 5획)

필순(9획) 急急急急急急急急急

✏️ 필순에 따라 急을 쓰세요.

✏️ 필순에 따라 急을 쓰고 훈과 음을 쓰세요.

急							
급할 급	급할 급						

✏️ 急의 부수를 쓰고 이름을 써 보세요. | 필순(4획) 心 心 心 心

急	心						
마음 심	마음 심						

急行(급행) – 급하게 감.
急速(급속) – 몹시 급하고 빠름.

제5과 시간편　　　　　　　　　　　　　　　　　　월　일

辵(=辶) + 束 → 速

辵(쉬엄쉬엄 갈 착) 자와 束(묶을 속) 자가 합쳐진 글자로, 쉬엄쉬엄 가며 나무를 다발로 묶어 내는 속도가 점점 빨라진다는 의미에서 '빠르다'라는 뜻을 나타냅니다.

빠를 속 (辶(=辵)부수, 7획)　　필순(11획) 速速速速速速速速速速速

✏️ 필순에 따라 速을 쓰세요.

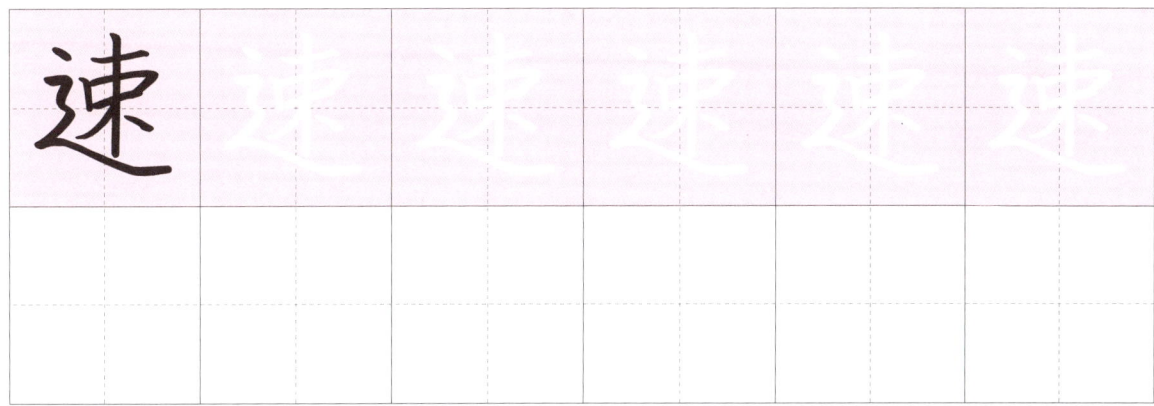

✏️ 필순에 따라 速을 쓰고 훈과 음을 쓰세요.

速						
빠를 속	빠를 속					

✏️ 速의 부수를 쓰고 이름을 써 보세요. ｜ 필순(7획) 辵辵辵辵辵辵辵(辵=辶)

速	辵					
쉬엄쉬엄 갈 착	쉬엄쉬엄 갈 착					

速成(속성) – 빠르게 이루어짐.
速度(속도) – 물체가 나아가거나 일이 진행되는 빠르기.

제5과 시간편　　　　　　　　　　　　　　　월　일

聿 + 日 → 晝

聿(붓 율) 자와 日(날 일) 자가 합쳐진 글자로, 하루 중에 해가 떠 있어 글을 쓸 수 있는 시간으로 밤과 구분이 되는 '낮'을 나타냅니다.

낮 주 (日부수, 7획)

필순(11획) 晝晝晝晝晝晝晝晝晝晝晝

✏️ 필순에 따라 晝를 쓰세요.

✏️ 필순에 따라 晝를 쓰고 훈과 음을 쓰세요.

晝							
낮 주	낮 주						

✏️ 晝의 부수를 쓰고 이름을 써 보세요. | **필순(4획)** 日 日 日 日

晝	日						
날 일	날 일						

晝夜(주야) - 낮과 밤.
晝間(주간) - 해가 떠 있는 낮 사이.

제5과 **시간편** 월   일

ㅗ + 人(=亻) + 夕 → 夜

ㅗ(돼지해머리 두) 자와 人(사람 인), 夕(저녁 석) 자가 합쳐진 글자로, 모든 사람이 자신의 집 지붕 아래에 들어가 잠이 드는 저녁이라는 의미로 '밤'을 나타냅니다.

밤 야 (夕부수, 5획)   **필순**(8획) 夜夜夜夜夜夜夜夜

✏️ 필순에 따라 夜를 쓰세요.

✏️ 필순에 따라 夜를 쓰고 훈과 음을 쓰세요.

夜					
밤 야	밤 야				

✏️ 夜의 부수를 쓰고 이름을 써 보세요. | **필순**(3획) 夕 夕 夕

夜	夕				
저녁 석	저녁 석				

夜學(야학) – 밤에 공부하는 것
夜食(야식) – 밤에 먹는 음식.

제5과 시간편　　　　　　　　　　　　　　　　　　　　　　　월　　일　　확인

車→月→朝

車(수레 거) 자와 月(달 월) 자가 합쳐진 글자로, 달이 지면 아침이 온다는 의미에서 '아침'을 뜻합니다.

아침 조 (月부수, 8획)　　필순(12획) 朝 朝 朝 朝 朝 朝 朝 朝 朝 朝 朝 朝

✏️ 필순에 따라 朝를 쓰세요.

朝						

✏️ 필순에 따라 朝를 쓰고 훈과 음을 쓰세요.

朝						
아침 조	아침 조					

✏️ 朝의 부수를 쓰고 이름을 써 보세요. ｜ 필순(4획) 月 月 月 月

朝	月					
달 월	달 월					

朝食(조식) - 아침밥.
朝刊新聞(조간신문) - 아침에 펴내는 일간 신문.

제5과 시간편　　　　　　　　　　　　　　　　월　　일

竹(=⺮) + 弟 → 第

竹(대나무 죽) 자와 弟(아우 제) 자가 합쳐진 글자로, 대나무도 먼저 난 차례대로 형과 아우의 순서가 있다는 의미로 '차례'를 뜻합니다.

차례 제 (⺮=竹)부수, 5획)　　필순(11획) 第第第第第第第第第第第

✏️ 필순에 따라 第를 쓰세요.

✏️ 필순에 따라 第를 쓰고 훈과 음을 쓰세요.

第	第	第	第	第	第
차례 제	차례 제				

✏️ 第의 부수를 쓰고 이름을 써 보세요.　필순(6획) 竹竹竹竹竹竹 (竹=⺮)

第	竹					
대나무 죽	대나무 죽					

第一(제일) – 첫째가는 것. 가장 훌륭함.
及第(급제) – 과거 시험에 합격함.

제5과 시간편   월   일

厂 + 又 → 反

厂(기슭 엄) 자와 又(또 우, 손을 나타냄) 자가 합쳐진 글자로, 언덕의 기슭에서 굴러떨어지는 돌을 받아 다시 올린다는 의미로 '돌이키다'라는 뜻입니다.

돌이킬 반 (又부수, 2획)

필순(4획) 反 反 反 反

✏️ 필순에 따라 反을 쓰세요.

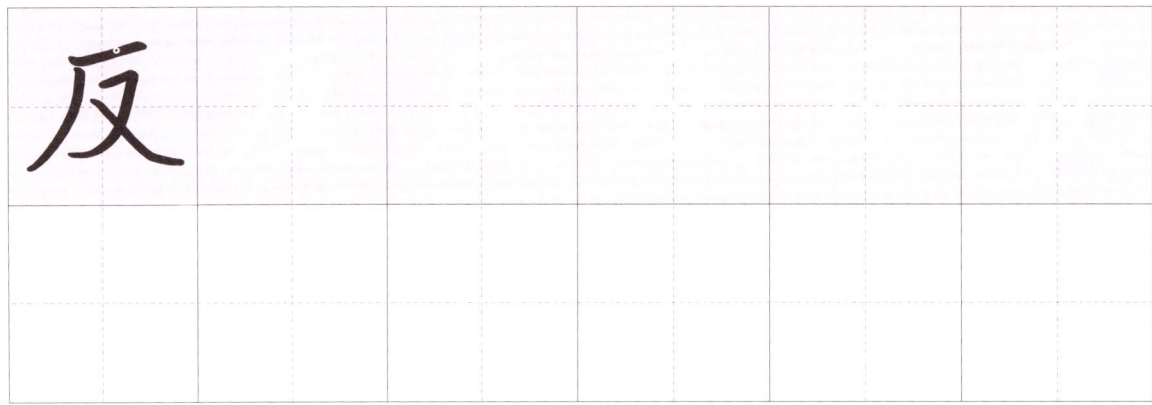

✏️ 필순에 따라 反을 쓰고 훈과 음을 쓰세요.

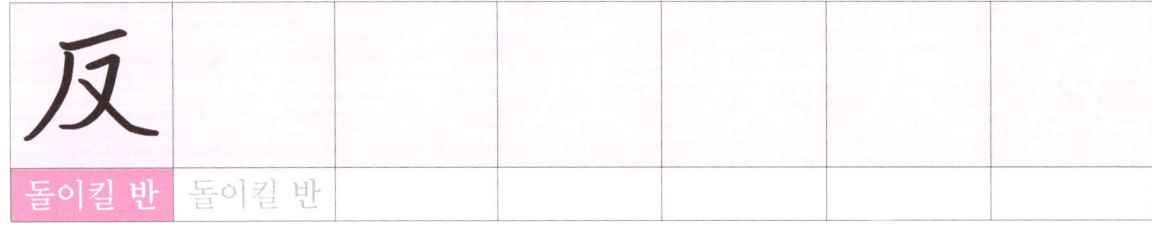

✏️ 反의 부수를 쓰고 이름을 써 보세요. | 필순(2획) 又 又

反感(반감) – 반대 또는 반항하는 감정.
反省(반성) – 자기가 한 일이나 행동에 잘못이 없었는지 돌이켜 생각함.

기출 및 예상 문제

월　　일

※ 다음 한자에 반대 또는 상대되는 한자를 골라 그 번호를 쓰세요. (1~3)

(1) 晝 (　　) ① 車　② 在　③ 書　④ 夜

(2) 外 (　　) ① 會　② 左　③ 內　④ 事

(3) 昨 (　　) ① 今　② 面　③ 作　④ 現

※ 다음 한자어의 뜻을 쓰세요. (4~9)

(4) 夜食 (　　　　)　　(5) 不在 (　　　　)

(6) 急行 (　　　　)　　(7) 白晝 (　　　　)

(8) 開始 (　　　　)　　(9) 始動 (　　　　)

※ 필순에 관한 문제입니다. (10~11)

(10) 農 ㉠획의 쓰는 순서를 아래에서 골라 번호를 쓰세요. (　　)
① 열 번째　② 열한 번째　③ 열두 번째　④ 열세 번째

(11) 夜 ㉠획의 쓰는 순서를 아래에서 골라 번호를 쓰세요. (　　)
① 다섯 번째　② 여섯 번째　③ 일곱 번째　④ 여덟 번째

기출 및 예상 문제

※ 다음 단어를 한자로 쓰세요. (12~19)

(12) 현대 (　　　　)　　(13) 야독 (　　　　)

(14) 작년 (　　　　)　　(15) 중대 (　　　　)

(16) 개시 (　　　　)　　(17) 춘하추동 (　　　　)

(18) 조회 (　　　　)　　(19) 재학 (　　　　)

※ 다음 한자의 훈과 음을 쓰세요. (20~29)

(20) 朝 (　　　　)　　(21) 昨 (　　　　)

(22) 海 (　　　　)　　(23) 話 (　　　　)

(24) 邑 (　　　　)　　(25) 第 (　　　　)

(26) 急 (　　　　)　　(27) 地 (　　　　)

(28) 前 (　　　　)　　(29) 始 (　　　　)

※ 다음 한자의 필순을 차례대로 적으세요. (30~31)

(30) 反 (　　　　　　　　　　)

(31) 在 (　　　　　　　　　　)

제6과 감정편　　　　　　　　　　　　　　　　월　　일

두 사람이 서로 안고 기대어 있는 모습을 본뜬 글자로, '사귀다'라는 뜻입니다.

사귈 교 (亠부수, 4획)　　필순(6획) 交交交交交交

✏️ 필순에 따라 交를 쓰세요.

✏️ 필순에 따라 交를 쓰고 훈과 음을 쓰세요.

交	交	交	交	交	交	交
사귈 교	사귈 교					

✏️ 交의 부수를 쓰고 이름을 써 보세요. | 필순(2획) 亠

交	亠					
돼지해머리 두	돼지해머리 두					

交代(교대) – 일을 서로 번갈아 가며 하는 것.
交感(교감) – 서로 접촉하여 느낌.

제6과 감정편　　　　　　　　　　　　　　　　　　　　　　　월　일　　확인

咸 + 心 → 感

咸(다 함) 자와 心(마음 심) 자가 합쳐진 글자로, 사람의 마음을 모두 같게 한다는 의미에서 '느끼다'라는 뜻을 나타냅니다.

느낄 감 (心부수, 9획)

필순(13획) 感感感感感感感感感感感感感

✏️ 필순에 따라 感을 쓰세요.

感				

✏️ 필순에 따라 感을 쓰고 훈과 음을 쓰세요.

感				
느낄 감	느낄 감			

✏️ 感의 부수를 쓰고 이름을 써 보세요. | **필순(4획)** 心 心 心 心

感	心						
마음 심	마음 심					

感動(감동) – 큰 느낌을 받아 마음이 움직임.
所感(소감) – 개인이 어떤 일에 대하여 느끼고 생각한 것.

제6과 감정편　　　　　　　　　　　　　　　　　　　　　　　　월　일　　확인

立 + 木 + 見 → 親

立(설 립) 자와 木(나무 목), 見(볼 견) 자가 합쳐진 글자로, 가까이서 자주 보는 사람들은 친해진다는 의미로 '친하다'라는 뜻입니다.

친할 친 (見부수, 9획)

필순(16획) 親親親親親親親親親親親親親親親親

✏ 필순에 따라 親을 쓰세요.

✏ 필순에 따라 親을 쓰고 훈과 음을 쓰세요.

親						
친할 친	친할 친					

✏ 親의 부수를 쓰고 이름을 써 보세요. | **필순(7획)** 見見見見見見見

親	見					
볼 견	볼 견					

親近(친근) – 사이가 아주 가깝고 다정함.
親舊(친구) – 오래 두고 가깝게 사귄 벗.

제6과 감정편   월   일

爪(=爫) + 心 + 夂 → 愛

爪(손톱 조) 자와 心(마음 심) 자, 夂(뒤처져 올 치) 자가 합쳐진 글자로, 사랑하는 사람에게는 그 마음을 품고 달려간다는 의미로 '사랑'을 나타냅니다.

사랑 애 (心부수, 9획)   **필순**(13획) 愛愛愛愛愛愛愛愛愛愛愛愛愛

✏️ 필순에 따라 愛를 쓰세요.

✏️ 필순에 따라 愛를 쓰고 훈과 음을 쓰세요.

愛							
사랑 애	사랑 애						

✏️ 愛의 부수를 쓰고 이름을 써 보세요. | **필순**(4획) 心 心 心 心

愛心	心						
마음 심	마음 심						

愛校(애교) - 학교를 사랑하는 것.
愛國心(애국심) - 자기 나라를 사랑하는 마음.

제6과 감정편 월 일 확인

失

잃을 실 (大부수, 2획)

手 + 乙 → 失

手(손 수) 자와 乙(새 을) 자가 합쳐진 글자로, 손에서 새를 놓쳤다는 의미로 '잃다'라는 뜻입니다.

필순(5획) 失 失 失 失 失

✏️ 필순에 따라 失을 쓰세요.

失	失	失	失	失

✏️ 필순에 따라 失을 쓰고 훈과 음을 쓰세요.

失	失	失	失	失	失
잃을 실	잃을 실				

✏️ 失의 부수를 쓰고 이름을 써 보세요. 필순(3획) 大 大 大

失	大					
큰 대	큰 대					

失手(실수) – 주의하지 않아 저지른 잘못.
失言(실언) – 하지 말아야 할 말을 실수로 말하는 것.

제6과 감정편 　　　　　　　　　　　　　　　　　　　　　월　　일　　확인

音 + 心 → 意

音(소리 음) 자와 心(마음 심) 자가 합쳐진 글자로, 소리를 내어 말하면 마음의 뜻을 드러낼 수 있다는 의미로 '뜻'을 나타냅니다.

뜻 의 (心부수, 9획)

필순(13획) 意 意 意 意 意 意 意 意 意 意 意 意 意

✏️ 필순에 따라 意를 쓰세요.

✏️ 필순에 따라 意를 쓰고 훈과 음을 쓰세요.

意						
뜻 의	뜻 의					

✏️ 意의 부수를 쓰고 이름을 써 보세요. | **필순**(4획) 心 心 心 心

意	心					
마음 심	마음 심					

意圖(의도) – 무언가를 하려는 생각이나 계획.
意味(의미) – 말이나 글의 뜻.

제6과 감정편   월   일

骨(→歹) + 人 → 死

뼈가 부서지거나 살이 발린 것을 뜻하는 歹(살 바른 뼈) 자와 人(사람 인) 자가 합쳐진 글자로, 사람의 목숨이 다하여 앙상한 뼈가 된다는 의미로 '죽다'라는 뜻입니다.

죽을 사 (歹부수, 2획)

필순(6획) 死死死死死死

✏️ 필순에 따라 死를 쓰세요.

✏️ 필순에 따라 死를 쓰고 훈과 음을 쓰세요.

| 죽을 사 | 죽을 사 | | | | | |

✏️ 死의 부수를 쓰고 이름을 써 보세요. | **필순(4획)** 歹歹歹歹

| 죽을 사 | 죽을 사 | | | | | |

死別(사별) - 죽어서 이별함.
生死(생사) - 삶과 죽음.

제6과 감정편   월   일   확인

骨(→ 另) + 刀 (= 刂) → 別

뼈에서 살이 떨어져 나간 것을 나타내는 另(헤어질 령) 자와 刀(칼 도) 자가 합쳐진 글자로, 뼈에서 살과 뼈를 발라낼 때 칼로 가른다는 의미에서 '나누다'라는 뜻입니다.

나눌 / 다를 별 (刂(=刀)부수, 5획)   필순(7획) 別 別 別 別 別 別 別

✏️ 필순에 따라 別을 쓰세요.

別						

✏️ 필순에 따라 別을 쓰고 훈과 음을 쓰세요.

別						
나눌/다를 별	나눌/다를 별					

✏️ 別의 부수를 쓰고 이름을 써 보세요. | 필순(2획) 丨 刂 (刂=刀)

別	刀					
칼 도	칼 도					

作別(작별) - 서로 헤어짐.
特別(특별) - 보통과 다르거나 훨씬 뛰어남.

제6과 감정편   월   일   확인

艹(=⺿) + 古 → 苦

艹(풀 초) 자와 古(옛 고) 자가 합쳐진 글자로, 오래된 약초는 맛이 쓰다는 의미에서 '쓰다'를 뜻합니다.

쓸 고 (⺿(=艹)부수, 5획)

필순(9획) 苦苦苦苦苦苦苦苦苦

✏️ 필순에 따라 苦를 쓰세요.

✏️ 필순에 따라 苦를 쓰고 훈과 음을 쓰세요.

쓸 고 | 쓸 고

✏️ 苦의 부수를 쓰고 이름을 써 보세요. | 필순(6획) 艹艹艹艹艹 (艹=⺿)

풀 초 | 풀 초

苦生(고생) - 애를 쓰고 수고하는 것.
苦樂(고락) - 괴로움과 즐거움.

제6과 감정편　　　　　　　　　　　　　　　　　　　월　일　확인

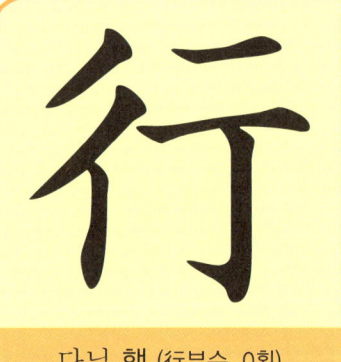

굽이지지 않고 곧게 바로 정리된 사거리의 모습을 본뜬 글자로, '다니다'라는 뜻입니다.

다닐 행 (行부수, 0획)　　**필순**(6획) 行行行行行行

✏️ 필순에 따라 行을 쓰세요.

✏️ 필순에 따라 行을 쓰고 훈과 음을 쓰세요.

行						
다닐 행	다닐 행					

✏️ 行의 부수를 쓰고 이름을 써 보세요.　|　**필순**(6획) 行行行行行行

行	行					
다닐 행	다닐 행					

行動(행동) - 몸을 움직여 어떤 일을 하는 것.
同行(동행) - 여럿이 함께 길을 감.

기출 및 예상 문제

월   일

※ 다음 밑줄 친 한자어에 해당하는 한자를 쓰세요. (1~7)

(1) 이것은 고심 끝에 결정한 것이다. (   )

(2) 사랑하는 사람과의 사별은 언제나 슬프다. (   )

(3) 소희는 교우 관계가 좋다. (   )

(4) 사력을 다해 도망쳐야만 한다. (   )

(5) 올바르게 행동해야 반장이 될 수 있다. (   )

(6) 주말에는 등산을 하는 것이 건강에 좋다. (   )

(7) 그 사람은 범인과 동일 인물임에 틀림없다. (   )

※ 다음 한자어의 독음을 쓰세요. (8~17)

(8) 交感 (   )   (9) 親愛 (   )

(10) 言行 (   )   (11) 生死 (   )

(12) 苦樂 (   )   (13) 植木 (   )

(14) 老人 (   )   (15) 苦生 (   )

(16) 生前 (   )   (17) 死人 (   )

※ 필순에 관한 문제입니다.

(18) 別   '別'을 필순대로 바르게 쓴 것을 골라 번호를 쓰세요. (   )
① 3-4-5-1-2-7-6   ② 3-7-1-4-2-6-5
③ 3-5-4-1-2-7-6   ④ 4-7-3-6-5-2-1

기출 및 예상 문제 정답

제1과 사회편·17
(1) 회사
(2) 화합
(3) 신용
(4) 유용
(5) 성공
(6) 대표
(7) 예식
(8) 공업
(9) 민회
(10) 합심
(11) 물건 물
(12) 바/곳 소
(13) 설 립(입)
(14) 골(마을) 동
(15) 이룰 성
(16) 쓸 용
(17) 대신할 대
(18) 겉 표
(19) 업 업
(20) 예도 례(예)
(21) ③
(22) ①
(23) ⑤
(24) ④
(25) ⑥
(26) ②
(27) ④
(28) ①
(29) ②
(30) ③
(31) ③
(32) ①

제2과 학교편·32
(1) 신춘
(2) 기장
(3) 효녀
(4) 고교
(5) 등급
(6) 훈언
(7) 급수
(8) 서신
(9) 신문
(10) 무리 등
(11) 가르칠 훈
(12) 글 장
(13) 새 신
(14) 읽을 독
(15) 등급 급
(16) 각각 각
(17) 길 도
(18) 글 서
(19) ①
(20) ③
(21) ④
(22) ③
(23) ③
(24) 等數
(25) 高手
(26) 讀書
(27) 所聞
(28) 各自
(29) 左右
(30) 問答

제3과 병원편·47
(1) ④
(2) ①
(3) ③
(4) ②
(5) 花
(6) 祖
(7) 午
(8) 安
(9) 待
(10) 米
(11) 藥
(12) 洋
(13) 飮
(14) 米
(15) 醫
(16) 科
(17) 待
(18) 席
(19) ①
(20) ③
(21) ⑥
(22) 의과
(23) 약물
(24) 신체
(25) 병석
(26) 양약
(27) 국호
(28) 번지
(29) 입석
(30) ④

4과 예술편·62
(1) 도식
(2) 미술
(3) 음악
(4) 동심
(5) 수학
(6) 출제
(7) 영국
(8) 목전
(9) 작가
(10) 천재
(11) 곧을 직
(12) 아이 동
(13) 바깥 외
(14) 재주 술
(15) 즐길 락(낙)/
노래 악/
좋아할 요
(16) 귀신 신
(17) 꽃부리 영
(18) 그림 도
(19) 빛 색
(20) 번개 전
(21) 出題
(22) 圖書
(23) 國軍
(24) 英才
(25) ④
(26) ①
(27) ④
(28) 題目
(29) 樂天
(30) 敎科書
(31) 天才
(32) 面目
(33) 畫家
(34) 해군
(35) 미국
(36) 미술
(37) 음식

제5과 시간편·77
(1) ④
(2) ③
(3) ①
(4) 밤에 먹는 음식.
(5) 자리에 없음.
(6) 급하게 감.
(7) 대낮.
(8) 처음으로 시작함.
(9) 처음으로 움직이게 하는 것.
(10) ①
(11) ②
(12) 現代
(13) 夜讀
(14) 昨年
(15) 重大
(16) 開始
(17) 春夏秋冬
(18) 朝會
(19) 在學
(20) 아침 조
(21) 어제 작
(22) 바다 해
(23) 말씀 화
(24) 고을 읍
(25) 차례 제
(26) 급할 급
(27) 땅 지
(28) 앞 전
(29) 비로소 시
(30) ③②④①
(31) ②①③⑤④⑥

제6과 감정편·89
(1) 苦心
(2) 死別
(3) 交友
(4) 死力
(5) 行動
(6) 登山
(7) 同一
(8) 교감
(9) 친애
(10) 언행
(11) 생사
(12) 고락
(13) 식목
(14) 노인
(15) 고생
(16) 생전
(17) 사인
(18) ③

6급 모의 한자능력검정시험 정답

제1회
(1) 가수
(2) 음식
(3) 백야
(4) 화술
(5) 노인
(6) 효녀
(7) 형제
(8) 음악
(9) 조석
(10) 애심
(11) 학교
(12) 월식
(13) 조상
(14) 미술
(15) 영재
(16) 직언
(17) 좌우
(18) 입석
(19) 왕자
(20) 만민
(21) 문병
(22) 자연
(23) 평정
(24) 대기
(25) 식목
(26) 문명
(27) 인간
(28) 장면
(29) 실내
(30) 서풍
(31) 역작
(32) 주제
(33) 이제 금
(34) 나타날 현
(35) 꽃부리 영
(36) 익힐 습
(37) 화할 화
(38) 글 장
(39) 병 병
(40) 몸 체
(41) 제목 제
(42) 그럴 연
(43) 빠를 속
(44) 가르칠 교
(45) 나라 국
(46) 의원 의
(47) 나눌 반
(48) 아침 조
(49) 이룰 성
(50) 무리 등
(51) 느낄 감
(52) 친할 친
(53) 쓸 고
(54) 곧을 직
(55) 매양 매
(56) 고을 읍
(57) 아름다울 미
(58) 지을 작
(59) 쌀 미
(60) 가르칠 훈
(61) 높을 고
(62) 氣色
(63) 前後
(64) 神童
(65) 作家
(66) 海軍
(67) 號外
(68) 休校
(69) 交代
(70) 活用
(71) 命題
(72) ②
(73) ⑤
(74) ②
(75) ④
(76) 會見
(77) 社交
(78) ③
(79) ③
(80) ②

제2회
(1) 교회
(2) 주인
(3) 국력
(4) 수학
(5) 입추
(6) 공업
(7) 별세
(8) 제목
(9) 신작
(10) 의대
(11) 작금
(12) 과목
(13) 성공
(14) 고등
(15) 도표
(16) 예식
(17) 부재
(18) 수족
(19) 소재
(20) 지면
(21) 천하
(22) 입구
(23) 동일
(24) 기수
(25) 임업
(26) 육성
(27) 성명
(28) 농부
(29) 산천
(30) 생기
(31) 매사
(32) 상수
(33) 내년
(34) 마을 리
(35) 말씀 어
(36) 기 기
(37) 그림 도
(38) 등급 급
(39) 모일 회
(40) 업 업
(41) 급할 급
(42) 마실 음
(43) 예도 례(예)
(44) 남녘 남
(45) 빛 색
(46) 일 사
(47) 할아버지 조
(48) 농사 농
(49) 기운 기
(50) 셈할 산
(51) 푸를 청
(52) 물을 문
(53) 겨울 동
(54) 마당 장
(55) 쇠 금/성씨 김
(56) 山川
(57) 身體
(58) 米飮
(59) 活氣
(60) 文字
(61) 左右
(62) 土地
(63) 男女
(64) 社長
(65) 休日
(66) 百姓
(67) 直言
(68) 地面
(69) 世上
(70) 今日
(71) 午後
(72) 三面
(73) 不足
(74) 農業
(75) 住所
(76) ①
(77) ①
(78) ④
(79) ③
(80) ④
(81) ⑥
(82) ①
(83) ②
(84) ②
(85) ①
(86) 速讀
(87) 作名
(88) ③
(89) ①
(90) ②

제3회
(1) 화제
(2) 공사
(3) 기력
(4) 조부
(5) 주례
(6) 개시
(7) 등산
(8) 국회
(9) 도서
(10) 각반
(11) 용어
(12) 동심
(13) 양식
(14) 교감
(15) 사별
(16) 반장
(17) 주간
(18) 작업
(19) 선후
(20) 실의
(21) 별명
(22) 화합
(23) 각자
(24) 작명
(25) 동급
(26) 속독
(27) 습작
(28) 신춘
(29) 백화
(30) 반기
(31) 영국
(32) 명백
(33) 학회
(34) 강 강
(35) 노래 가
(36) 심을 식
(37) 학교 교
(38) 뜻 의
(39) 자리 석
(40) 합할 합
(41) 이름 호
(42) 그림 화/그을 획
(43) 과목 과
(44) 모일 사
(45) 어제 작
(46) 겉 표
(47) 기록할 기
(48) 빌 공
(49) 골(마을) 동
(50) 봄 춘
(51) 효도 효
(52) 먼저 선
(53) 낯 면
(54) 오를 등
(55) 땅 지
(56) 美女
(57) 王子
(58) 山地
(59) 校內
(60) 父母
(61) 各自
(62) 東海
(63) 江山
(64) 兄弟
(65) 愛人
(66) 高等
(67) 朝會
(68) 病室
(69) 休學
(70) 國軍
(71) 萬感
(72) 讀書
(73) 所聞
(74) 始祖
(75) 外食
(76) ③
(77) ①
(78) ②
(79) ①
(80) ⑤
(81) ③
(82) ③
(83) ②
(84) ③
(85) ①
(86) 最古
(87) 苦樂
(88) ①
(89) ②
(90) ③

※모의 한자능력검정시험 답을 이곳에 쓰세요.

수험번호 ☐☐☐-☐☐-☐☐☐☐   **성명** ☐☐☐☐☐
주민등록번호 ☐☐☐☐☐☐-☐☐☐☐☐☐☐

※답안지는 컴퓨터로 처리되므로 구기거나 더럽히지 마시고, 정답 칸 안에만 쓰십시오.
  글씨가 채점란으로 들어오면 오답 처리됩니다.   ※유성 사인펜, 붉은색 필기구 사용 불가.

제1회 한자능력검정시험 6급Ⅱ 답안지(1)

답안란		채점란		답안란		채점란		답안란		채점란	
번호	정답	1검	2검	번호	정답	1검	2검	번호	정답	1검	2검
1				13				25			
2				14				26			
3				15				27			
4				16				28			
5				17				29			
6				18				30			
7				19				31			
8				20				32			
9				21				33			
10				22				34			
11				23				35			
12				24				36			

감독 위원	채점 위원(1)		채점 위원(2)		채점 위원(3)	
(서명)	(득점)	(서명)	(득점)	(서명)	(득점)	(서명)

※답안지는 컴퓨터로 처리되므로 구기거나 더럽히지 마시고, 정답 칸 안에만 쓰십시오.
 글씨가 채점란으로 들어오면 오답 처리됩니다.

제1회 한자능력검정시험 6급Ⅱ 답안지(2)

번호	정 답	1검	2검	번호	정 답	1검	2검	번호	정 답	1검	2검
37				52				67			
38				53				68			
39				54				69			
40				55				70			
41				56				71			
42				57				72			
43				58				73			
44				59				74			
45				60				75			
46				61				76			
47				62				77			
48				63				78			
49				64				79			
50				65				80			
51				66							

※모의 한자능력검정시험 답을 이곳에 쓰세요.

| 수험번호 | □□□-□□-□□□□ | | 성명 | □□□□□ |

주민등록번호 □□□□□□-□□□□□□□

※답안지는 컴퓨터로 처리되므로 구기거나 더럽히지 마시고, 정답 칸 안에만 쓰십시오.
　글씨가 채점란으로 들어오면 오답 처리됩니다.　　　　　　　　※유성 사인펜, 붉은색 필기구 사용 불가.

제2회 한자능력검정시험 6급 답안지(1)

답안란		채점란		답안란		채점란		답안란		채점란	
번호	정답	1검	2검	번호	정답	1검	2검	번호	정답	1검	2검
1				14				27			
2				15				28			
3				16				29			
4				17				30			
5				18				31			
6				19				32			
7				20				33			
8				21				34			
9				22				35			
10				23				36			
11				24				37			
12				25				38			
13				26				39			

감독 위원	채점 위원(1)		채점 위원(2)		채점 위원(3)	
(서명)	(득점)	(서명)	(득점)	(서명)	(득점)	(서명)

※답안지는 컴퓨터로 처리되므로 구기거나 더럽히지 마시고, 정답 칸 안에만 쓰십시오.
  글씨가 채점란으로 들어오면 오답 처리됩니다.

제2회 한자능력검정시험 6급 답안지(2)

번호	답안란 정답	채점란 1검	채점란 2검	번호	답안란 정답	채점란 1검	채점란 2검	번호	답안란 정답	채점란 1검	채점란 2검
40				57				74			
41				58				75			
42				59				76			
43				60				77			
44				61				78			
45				62				79			
46				63				80			
47				64				81			
48				65				82			
49				66				83			
50				67				84			
51				68				85			
52				69				86			
53				70				87			
54				71				88			
55				72				89			
56				73				90			

※모의 한자능력검정시험 답을 이곳에 쓰세요.

수험번호 ☐☐☐-☐☐-☐☐☐☐ 성명 ☐☐☐☐☐

주민등록번호 ☐☐☐☐☐☐-☐☐☐☐☐☐☐

※답안지는 컴퓨터로 처리되므로 구기거나 더럽히지 마시고, 정답 칸 안에만 쓰십시오.
 글씨가 채점란으로 들어오면 오답 처리됩니다.

※유성 사인펜, 붉은색 필기구 사용 불가.

제3회 한자능력검정시험 6급 답안지(1)

번호	답안란 정답	채점란 1검	2검	번호	답안란 정답	채점란 1검	2검	번호	답안란 정답	채점란 1검	2검
1				14				27			
2				15				28			
3				16				29			
4				17				30			
5				18				31			
6				19				32			
7				20				33			
8				21				34			
9				22				35			
10				23				36			
11				24				37			
12				25				38			
13				26				39			

감독 위원	채점 위원(1)		채점 위원(2)		채점 위원(3)	
(서명)	(득점)	(서명)	(득점)	(서명)	(득점)	(서명)

※답안지는 컴퓨터로 처리되므로 구기거나 더럽히지 마시고, 정답 칸 안에만 쓰십시오.
글씨가 채점란으로 들어오면 오답 처리됩니다.

제3회 한자능력검정시험 6급 답안지(2)

번호	정 답	1검	2검	번호	정 답	1검	2검	번호	정 답	1검	2검
40				57				74			
41				58				75			
42				59				76			
43				60				77			
44				61				78			
45				62				79			
46				63				80			
47				64				81			
48				65				82			
49				66				83			
50				67				84			
51				68				85			
52				69				86			
53				70				87			
54				71				88			
55				72				89			
56				73				90			

第3回 漢字能力檢定試驗 6級 問題紙

(73) 소문은 바람보다 빠르다.
(74) 우리 가문의 시조는 위대하셨다.
(75) 오늘은 우리 가족이 외식하는 날이다.

※ 다음 漢字(한자)의 反對(반대) 또는 相對(상대)되는 漢字(한자)를 골라 그 번호를 쓰세요. (76~78)

(76) 南 : ① 四 ② 外 ③ 北 ④ 中
(77) 合 : ① 班 ② 音 ③ 藥 ④ 始
(78) 前 : ① 交 ② 後 ③ 意 ④ 作

※ 다음 ( ) 안에 알맞은 漢字(한자)를 <보기>에서 골라 그 번호를 쓰세요. (79~81)

―〈보기〉―
① 十   ② 書   ③ 樂
④ 九   ⑤ 夏   ⑥ 明

(79) ( )中八九   (80) 春( )秋冬
(81) 同苦同( )

※ 다음 漢字(한자)와 뜻이 비슷한 漢字(한자)를 골라 그 번호를 쓰세요. (82~83)

(82) 業 : ① 軍 ② 動 ③ 事 ④ 紙
(83) 村 : ① 地 ② 里 ③ 花 ④ 面

※ 다음 漢字(한자)와 소리는 같으나 뜻이 다른 漢字(한자)를 골라 그 번호를 쓰세요. (84~85)

(84) 敎 : ① 感 ② 親 ③ 校 ④ 冬
(85) 意 : ① 醫 ② 重 ③ 別 ④ 登

※ 다음 풀이에 맞는 漢字語(한자어)를 漢字(한자)로 쓰세요. (86~87)

(86) 가장 오래됨.
(87) 괴로움과 즐거움.

※ 다음 물음에 답하세요. (88~90)

(88) 班 ㉠획의 쓰는 순서를 아래에서 골라 번호를 쓰세요.
① 세 번째   ② 네 번째
③ 다섯 번째   ④ 일곱 번째

(89) 別 ㉠획의 쓰는 순서를 아래에서 골라 번호를 쓰세요.
① 세 번째   ② 네 번째
③ 다섯 번째   ④ 여섯 번째

(90) 交 '交'를 쓰는 순서로 맞는 것을 아래에서 골라 번호를 쓰세요.
① 1-2-6-5-3-4   ② 1-2-6-5-4-3
③ 2-1-6-5-3-4   ④ 2-1-6-5-4-3

第3回 漢字能力檢定試驗 6級 問題紙

※ 〈보기〉와 같이 다음 漢字語(한자어)의 讀音(독음)을 쓰세요. (1~33)

〈보기〉
漢字 → 한자

(1) 話題
(2) 工事
(3) 氣力
(4) 祖父
(5) 主禮
(6) 開始
(7) 登山
(8) 國會
(9) 圖書
(10) 各班
(11) 用語
(12) 童心
(13) 洋食
(14) 交感
(15) 死別
(16) 班長
(17) 晝間
(18) 作業
(19) 先後
(20) 失意
(21) 別名
(22) 和合
(23) 各自
(24) 作名
(25) 同級
(26) 速讀
(27) 習作
(28) 新春
(29) 白花
(30) 反旗
(31) 英國
(32) 明白
(33) 學會

※ 〈보기〉와 같이 다음 漢字(한자)의 訓(훈)과 音(음)을 쓰세요. (34~55)

〈보기〉
字 → 글자 자

(34) 江
(35) 歌
(36) 植
(37) 校
(38) 意
(39) 席
(40) 合
(41) 號
(42) 畫
(43) 科
(44) 社
(45) 昨
(46) 表
(47) 記
(48) 空
(49) 洞
(50) 春
(51) 孝
(52) 先
(53) 面
(54) 登
(55) 地

※ 다음 밑줄 친 단어를 漢字(한자)로 쓰세요. (56~75)

(56) 나는 <u>미래</u>라는 말을 자주 듣는다.
(57) 영국의 <u>왕자</u>는 인기가 많다.
(58) 강원도는 <u>산지</u>가 많다.
(59) 오늘은 <u>교내</u> 행사가 있을 예정이다.
(60) 아이들은 <u>부모</u>님을 존경한다.
(61) 각자 <u>알아서</u> 해결하자.
(62) 동해는 가장 좋은 여름 <u>휴양지</u>이다.
(63) <u>강산</u>은 늘 푸르다.
(64) <u>형제</u>의 우애가 보기 좋다.
(65) 애인이 <u>생겨서</u> 기분이 좋다.
(66) 이제 <u>고등학생</u>이 되었다.
(67) <u>조회</u> 시간에 졸면 안 된다.
(68) <u>병실</u>에 누워 있는 것은 지루하다.
(69) 집안 사정상 <u>휴학</u>을 해야 한다.
(70) <u>국군</u>은 항상 늠름하다.
(71) 그 소식을 듣으니 만감이 <u>교차</u>한다.
(72) <u>독서</u>는 마음의 양식이다.

第2回 漢字能力檢定試驗 6級 問題紙

(70) 금일 9시에 방문하겠습니다.
(71) 오후가 되면 음이 밀려온다.
(72) 우리나라는 삼면이 바다로 둘러싸여 있다.
(73) 실력이 부족해서 탈락했다.
(74) 철수네 아버지는 농업에 종사하신다.
(75) 주소를 적어서 제출하세요.

※ 다음 漢字(한자)의 反對(반대) 또는 相對(상대)되는 漢字(한자)를 골라 그 번호를 쓰세요. (76~78)

(76) 女 : ① 男 ② 子 ③ 祖 ④ 水
(77) 天 : ① 地 ② 山 ③ 人 ④ 夕
(78) 生 : ① 靑 ② 下 ③ 才 ④ 死

※ 다음 ( ) 안에 알맞은 漢字(한자)를 <보기>에서 골라 그 번호를 쓰세요. (79~81)

〈보기〉
① 九   ② 用   ③ 風
④ 少   ⑤ 四   ⑥ 死

(79) 滿( )明月   (80) 男女老( )
(81) 九( )一生

※ 다음 漢字(한자)와 뜻이 비슷한 漢字(한자)를 골라 그 번호를 쓰세요. (82~83)

(82) 話 : ① 言 ② 算 ③ 安 ④ 色
(83) 海 : ① 上 ② 洋 ③ 每 ④ 夏

※ 다음 漢字(한자)와 소리는 같으나 뜻이 다른 漢字(한자)를 골라 그 번호를 쓰세요. (84~85)

(84) 名 : ① 前 ② 命 ③ 南 ④ 金
(85) 代 : ① 待 ② 感 ③ 醫 ④ 在

※ 다음 뜻풀이에 맞는 漢字語(한자어)를 漢字(한자)로 쓰세요. (86~87)

(86) 책을 빼곡하게 읽는 것.
(87) 이름을 지음.

※ 다음 물음에 답하세요. (88~90)

(88) 童
① 세 번째   ② 네 번째
③ 다섯 번째   ④ 여섯 번째

(89) 死
① 세 번째   ② 네 번째
③ 다섯 번째   ④ 여섯 번째

(90) 米 '米'를 쓰는 순서로 맞는 것을 아래에서 골라 그 번호를 쓰세요.

① 6-1-2-5-4-3   ② 4-3-6-1-2-5
③ 6-5-4-1-2-3   ④ 4-3-6-1-5-1

第2回 漢字能力檢定試驗 6級 問題紙

※ <보기>와 같이 다음 漢字語(한자어)의 讀音(독음)을 쓰세요. (1~33)

<보기>
漢字 → 한자

(1) 敎會
(2) 主人
(3) 國力
(4) 數學
(5) 立秋
(6) 工業
(7) 別世
(8) 題目
(9) 新作
(10) 醫大
(11) 昨今
(12) 科目
(13) 成功
(14) 高等
(15) 圖表
(16) 禮式
(17) 不在
(18) 手足
(19) 所在
(20) 紙面
(21) 天下
(22) 人口
(23) 同一
(24) 旗手
(25) 林業
(26) 育成
(27) 姓名
(28) 農夫
(29) 山川
(30) 生氣
(31) 每事
(32) 上水
(33) 來年

※ <보기>와 같이 다음 漢字(한자)의 訓(훈)과 音(음)을 쓰세요. (34~55)

<보기>
字 → 글자 자

(34) 里
(35) 語
(36) 旗
(37) 圖
(38) 級
(39) 會
(40) 業
(41) 急
(42) 飮
(43) 禮
(44) 南
(45) 色
(46) 事
(47) 祖
(48) 農
(49) 氣
(50) 算
(51) 靑
(52) 問
(53) 冬
(54) 場
(55) 金

※ <보기>와 같이 다음 밑줄 친 단어를 漢字(한자)로 쓰세요. (56~75)

<보기>
한자 → 漢字

(56) 산천으로 여행을 떠나자.
(57) 어린이는 신체를 건강히 해야 한다.
(58) 이유 없는 남녀 차별은 부당하다.
(59) 활기찬 모습이 보기 좋다.
(60) 휴대포 문자 전송은 손쉽게 할 수 있다.
(61) 횡단보도에서는 좌우를 반드시 살펴야 한다.
(62) 토지는 유명한 소설책 제목이다.
(63) 이유 없는 남녀 차별은 부당하다.
(64) 한 기업의 시장은 책임이 크다.
(65) 휴일에는 바다에 갈 계획이다.
(66) 세종 대왕은 백성을 사랑하였다.
(67) 직업을 하는 신하는 반드시 필요하다.
(68) 지면 위에 건물을 세운다.
(69) 세상 사람 모두가 친하지는 아니다.

꼭 책 뒷부분에 있는 답안지에 답을 쓰기 바랍니다.

(70) 이 도구를 잘 활용해야 한다.

(71) 다음 명제에 대한 발표를 하십시오.

※ 다음 漢字(한자)의 反對(반대) 또는 相對(상대)되는 漢字(한자)를 〈보기〉에서 골라 그 번호를 쓰세요. (72~73)

〈보기〉
① 社   ② 後   ③ 生
④ 苦   ⑤ 晝   ⑥ 夕

(72) 前
(73) 夜

※ 다음 ( ) 안에 알맞은 漢字(한자)를 〈보기〉에서 골라 그 번호를 쓰세요. (74~75)

〈보기〉
① 山   ② 草   ③ 明
④ 現   ⑤ 目   ⑥ 代

(74) ( )木이 무성한 산으로 놀러 가자.

(75) 지금을 다른 말로 ( )在라고 한다.

※ 다음 뜻풀이에 맞는 漢字語(한자어)를 漢字(한자)로 쓰세요. (76~77)

(76) 서로 만나 어떤 문제에 대하여 의견을 말함.

(77) 여러 사람이 모여 어울리고 사귐.

※ 다음 물음에 답하세요. (78~80)

(78) 左 ㉠획은 필순에서 몇 번째에 해당하는지 아래에서 골라 번호를 쓰세요.

① 두 번째   ② 세 번째
③ 네 번째   ④ 다섯 번째

(79) 友 ㉠획은 필순에서 몇 번째에 해당하는지 아래에서 골라 번호를 쓰세요.

① 세 번째   ② 네 번째
③ 여섯 번째 ④ 일곱 번째

(80) 功 '功'을 쓰는 순서로 맞는 것을 아래에서 골라 번호를 쓰세요.

① 5-2-3-1-4   ② 5-3-2-1-4
③ 3-5-2-4-1   ④ 5-3-2-4-1

第1回 漢字能力檢定試驗 6級II 問題紙

※ 〈보기〉와 같이 다음 漢字語(한자어)의 讀音(독음)을 쓰세요. (1~32)

〈보기〉
漢字 → 한자

(1) 歌手
(2) 飮食
(3) 白夜
(4) 話術
(5) 老人
(6) 孝女
(7) 兄弟
(8) 音樂
(9) 朝夕
(10) 愛心
(11) 學校
(12) 月食
(13) 祖上
(14) 美術
(15) 英才
(16) 直言
(17) 左右
(18) 立席
(19) 王子
(20) 萬民
(21) 問病
(22) 自然
(23) 平正
(24) 大氣
(25) 植木
(26) 文明
(27) 人間
(28) 場面
(29) 室内
(30) 西風
(31) 力作
(32) 主題

※ 〈보기〉와 같이 다음 漢字(한자)의 訓(훈)과 音(음)을 쓰세요. (33~61)

〈보기〉
字 → 글자 자

(33) 今
(34) 現
(35) 英
(36) 習
(37) 和
(38) 章
(39) 病
(40) 體
(41) 題
(42) 然
(43) 速
(44) 敎
(45) 國
(46) 醫
(47) 班
(48) 朝
(49) 成
(50) 等
(51) 感
(52) 親
(53) 苦
(54) 直
(55) 每
(56) 邑
(57) 美
(58) 作
(59) 米
(60) 訓
(61) 高

※ 〈보기〉와 같이 다음 밑줄 친 단어를 漢字(한자)로 쓰세요. (62~71)

〈보기〉
한자 → 漢字

(62) 진영이가 당황한 기색이 역력하다.
(63) 친구 사정을 보지 않고 말했들었다.
(64) 세영이는 한자 신동이다.
(65) 이 글의 작가는 누구인가요?
(66) 삼촌은 해군에 지원하기로 결심했다.
(67) 광복절 날 호외가 발행되었다.
(68) 개교기념일은 휴교를 하게 된다.
(69) 범인들은 교대로 망을 보았다.

모의 한자능력검정시험

6급

한자능력검정시험 대비

모의 한자능력검정시험을 볼 때 주의할 점!

1. 실제 시험을 치른다는 마음으로 진지하게 응하도록 합니다.
2. 6급 상, 하를 완전히 익힌 뒤 모의 시험을 치르도록 합니다.
3. 실제 시험을 치르는 것처럼 답안지에 직접 정답을 작성하며, 실제 시험과 같은 검정색 필기구를 사용하도록 합니다.
4. 채점을 할 때 애매한 답은 무조건 오답으로 처리하도록 합니다.
5. 시험 문항 수는 6급Ⅱ는 80문제이고, 6급은 90문제이며, 배정 시간은 모두 50분입니다.
6. 채점을 한 뒤 자신의 수준을 파악하여 구체적인 학습 계획을 세우도록 합니다. 점수가 55점 이하인 경우에는 학습이 부족한 것이므로 6급 과정을 다시 한 번 공부하도록 합니다.

(주)효리원
02-3675-5225 / www.hyoreewon.com

※6급 한자 쉽게 따기 상, 하를 완전히 익힌 뒤 가위로 점선을 잘라 모의 시험을 치르도록 합니다.

會 社 和 合
信 用 成 功
代 表 禮 式
業 等 級 各
班 讀 書 新

聞	訓	言	高
習	章	醫	科
身	體	洋	藥
病	席	番	號
米	飲	待	圖

畫	美	術	音
樂	神	童	題
目	英	才	作
現	在	昨	今
開	始	急	速

晝	夜	朝	第
反	交	感	親
愛	失	意	死
別	苦	行	歌
旗	農	動	算